B.A.СУХОМЛИНСКИЙ

家长教育学

[苏联] 瓦·亚·苏霍姆林斯基 著

蔡 汀 译

中国妇女出版社

图书在版编目（CIP）数据

家长教育学 /（苏）瓦 · 亚 · 苏霍姆林斯基著 ；蔡汀译. -- 北京 ：中国妇女出版社，2021.1
ISBN 978-7-5127-1921-7

Ⅰ.①家… Ⅱ.①瓦…②蔡… Ⅲ.①家庭教育－教育学 Ⅳ.①G780

中国版本图书馆CIP数据核字（2020）第195151号

家长教育学

作　　者：[苏] 瓦 · 亚 · 苏霍姆林斯基 著　蔡　汀 译
项目统筹：廖晶晶　应　莹
责任编辑：耿　剑
封面设计：李　甦
责任印制：王卫东
出版发行：中国妇女出版社
地　　址：北京市东城区史家胡同甲24号　　　邮政编码：100010
电　　话：（010）65133160（发行部）　　　65133161（邮购）
网　　址：www.womenbooks.cn
法律顾问：北京市道可特律师事务所
经　　销：各地新华书店
印　　刷：北京中科印刷有限公司
开　　本：150×215　1/16
印　　张：16
字　　数：150千字
版　　次：2021年1月第1版
印　　次：2021年1月第1次
书　　号：ISBN 978-7-5127-1921-7
定　　价：69.80元

推　荐

苏霍姆林斯基是世界著名教育家，他的教育思想核心是相信人，相信每一个孩子。他说："每一个儿童身上都蕴藏着某些尚未萌芽的素质。这些素质就像火花，要点燃它，就需要火星。"教育就是火星。苏霍姆林斯基非常关心家庭教育，认为教育要从家庭开始。《家长教育学》是他献给每一位父母育儿的教科书，指导父母点燃儿童的火花，使儿童的天赋和才能充分地发挥出来。

我国家庭教育需要大力加强。中国妇女出版社组织专家重新翻译出版苏霍姆林斯基的这部重要著作，正是适逢其时，具有重要的现实意义。

顾明远

北京师范大学资深教授

中国教育学会名誉会长

国家教育咨询委员会委员

推　荐

家庭是儿童生命的摇篮，是人出生后接受教育的第一个场所。父母是孩子的第一任老师，也是终身的老师。父母带给孩子什么，往往就决定孩子会成为什么样的人。人的认知风格、行为习惯、性格特征，都是在童年、在家庭奠基形成的。苏霍姆林斯基的《家长教育学》用朴素易懂的语言，讲述了家庭教育的深刻道理，为父母与孩子一起成长指明了方向。

朱永新

中国教育学会学术顾问，家庭教育专业委员会理事长

中国陶行知研究会会长，苏州大学教授、博导

新教育实验发起人

推　荐

苏霍姆林斯基的家庭教育思想集中体现在了《家长教育学》一书中。用苏霍姆林斯基自己的话说“是我长期思考的结果”，是一生在教育实践中努力探求的结晶。全书引用大量活生生的事实，叙述生动活泼，深入浅出地向家长说明教育子女的科学道理，是一部富有教育意义的家庭教育专著。本次由中国妇女出版社组织专家重新翻译出版，对于今天我们从事家庭教育的科学研究和实际工作，都具有很大的启发和借鉴意义。

赵忠心

北京师范大学教授
中国教育学会家庭教育专业委员会原理事长
中国家庭教育学会原副会长

苏霍姆林斯基小传

苏霍姆林斯基的名字及其著作已广为世人瞩目。他的全名叫瓦西里·亚历山德罗维奇·苏霍姆林斯基。他是苏联时期杰出的教育实践家和理论家、俄罗斯联邦教育科学院和苏联教育科学院通讯院士。

苏霍姆林斯基于1918年9月28日出生在乌克兰基洛夫格勒州奥努弗里耶夫斯克区瓦西里耶夫卡村的一个贫苦农民家庭。

1926年，小瓦西里上了小学，就读于瓦西里耶夫斯克的一所七年制学校，成绩突出，成为该校最有才华的学生之一。

1933年，苏霍姆林斯基从七年制学校毕业。在那个年代，由于苏联大力发展教育，中、小学校急剧增加，迫切需要大量的师资。他毅然前往克列明楚格师范学院进行师资培训班的学习。

1934年，苏霍姆林斯基从师资培训班毕业。正是在这里，他立下誓言，要将自己的毕生精力奉献给祖国的教育事业。

从1935年开始，苏霍姆林斯基先后在奥努弗里耶夫斯克区的瓦西里耶夫斯克和济布科夫两所七年制学校教乌克兰语和文学，也就在这时，他加入了共青团。

1936年，苏霍姆林斯基去波尔塔瓦师范学院继续深造。在学院里，他先后获得了乌克兰语文初级中学教师、乌克兰语文高级中学教师资格。

1938年，他从波尔塔瓦师范学院毕业，回到奥努弗里耶夫斯克。从1938年到伟大的卫国战争爆发，苏霍姆林斯基一直在奥努弗里耶夫斯克中学担任乌克兰语文教师，后又兼任教导主任。

1939年8月，苏霍姆林斯基在该中学被吸纳为共产党员，当时年仅21岁。

1941年6月22日，德国开始进攻苏联。这年7月的一天，苏霍姆林斯基接到军事委员会的通知，让他去军事学院学习。7月28日，苏霍姆林斯基被授予初级政治指导员称号。一个星期后，被任命为连政治指导员的苏霍姆林斯基，为保卫祖国已战斗在硝烟弥漫的防线上了。

1942年，苏霍姆林斯基在尔热夫市市郊受了重伤，在乌瓦镇和乌德穆尔特住了几个月医院。伤愈出院后，苏霍姆林斯基作为残疾军人复员，到教育人民委员部报到，重返教育岗位。他成为乌瓦镇工人村一所中学的校长。

1944年秋天，苏霍姆林斯基同妻子安娜·伊万诺夫娜·苏霍姆林斯卡娅回到了乌克兰，在乌克兰的基洛夫格勒州奥努弗里耶夫斯克区工作了4年，任区国民教育局局长，同时还在中学里兼课。

1948年，根据苏霍姆林斯基的请求，他被任命为帕夫雷什中学校长。从此直到去世，长达32年之久，他就没有离开过这所学校，一直担任这所中学的校长、教师。

在这32年中，作为帕夫雷什中学的校长，苏霍姆林斯基一心扑在教育上。他不仅是一位优秀的学校领导、教师的楷模，更是学生的良师益友，他把每一个学生视为“我的孩子”。他付出了极大的精力，使帕夫雷什这所极为普通的农村中学，在办学上达到了苏联当时最优秀的水平，成为先进教育的实验地。

1959年，苏霍姆林斯基被选为代表，出席乌克兰教师代表大会。这次大会授予他“功勋教师”的称号。1960年，他被选为全俄教师代表大会的代表；1968年6月，被选为全苏教师代表大会的代表，也就是在这次全苏教师代表大会上，他光荣地获得了“社会主义劳动英雄”的称号。另外，他还曾荣获两枚列宁勋章、多枚苏联奖章和一枚马卡连柯奖章。

同时，苏霍姆林斯基在教育方面的创作也进入到一个新的阶段。他撰写了大量的教育专著和论文，创作专著41部，论文600多篇，寓言、童话和小故事1000多篇。他的首部专著《学生集体主义的培养》于1955年问世。20世纪60年代，他迎来了创作的高峰期，相继出版了《学生的精神世界》《年轻一代共产主义信念的形成》《帕夫雷什中学》《我把心给了孩子们》等。特别是《我把心给了孩子们》一书，再版多次，荣获了乌克兰苏维埃社会主义共和国教育协会一等奖（1973年）和乌克兰国家奖（1974年）。

教育家、著作家苏霍姆林斯基在生命的最后几年，还创作了

《公民的诞生》《培养集体的方法》《和青年校长的谈话》《给教师的100条建议》《给儿子的信》《全面发展的人的培养问题》《怎样培养真正的人》等重要著作。它们和前面提及的著作一起汇成了苏霍姆林斯基教育科学思想宝库。他的专著被译成30多种文字在国内外出版，引起了世界范围内的教育科学研究者、教师、教育专家们的重视并得到研究，获得了高度的评价和赞誉。由于苏霍姆林斯基著作甚丰、理论研究成果卓著、才华出众，1968年2月，他被推选为苏联教育科学院通讯院士。

在这32年中，苏霍姆林斯基还发挥了一个教育活动家的作用。他积极参加了各种教育科学研究方面的学术报告会、会议、座谈会等。苏联教育科学院和教育部多次派他出国访问、讲学，他先后去过古巴、民主德国、保加利亚、匈牙利、罗马尼亚等国。

1970年9月2日晚8时30分，苏霍姆林斯基由于病情恶化，心脏停止了跳动。他的去世引起了世界许多国家人民的关注，以各种方式对他的去世表示哀悼的人数不胜数。苏霍姆林斯基已在人们心中树立起一座不朽的丰碑，他永远活在人们的心里。

苏霍姆林斯基在生前总爱重复一句话："人生下来，并不是为了像无人问津的尘埃那样无影无踪地消失。人生下来是为了在自己身后留下痕迹——永久的痕迹。"这句警句，正是他本人的写照。

2007年3月9日

2020年12月修改

译者简介

1998年11月，在纪念苏霍姆林斯基80华诞国际研讨会上，蔡汀与苏霍姆林斯基的女儿奥莉娅·苏霍姆林斯卡娅合影，并将翻译的《怎样培养真正的人》一书赠送给她。

蔡汀，原名蔡兴文，翻译家、著作家。1933年10月25日生于吉林省海龙县。1950年11月参加抗美援朝战争，在中央军委技术部工作。转业后，先后在文化部社管局、北京图书馆工作。1994年2月退休。一生几乎都在与俄语打交道，从1958年起开始翻译与写作，直至今日从未停笔。他曾写自题诗一首："我本平庸，不甘寂寞，耕之不懈，为之求索。投之以苦，报之以果，刻雕痕迹，身后留歌。"

主要作品：

主编《苏霍姆林斯基选集》（五卷本，约300万字），2001年由教育科学出版社出版，曾获国家图书奖提名奖和教育类图书一等奖，2011年再版。

主编《莫泊桑中短篇小说全集》（四卷本，约200万字），1996年由花山文艺出版社出版。

著译作品有《怎样培养真正的人》《书成就梦想》《俄罗斯名画的诞生》《名画的诞生》《马克思的自白》《马克思的青年时代》《列宁三次被害记》《走进教育家苏霍姆林斯基》《礼貌城的故事》《小淘气漫游童话国》《一只神秘的漂流瓶》《小马戏演员》《侦察员与女嫌疑犯》《挽救》《女子风采大全》等30余部。

传记录入《中国图书馆名人辞典》《中国当代著作家大辞典》《中国专家大辞典》《中华名人大典》。

译者的话

亲爱的母亲、父亲，聪明的您一定知道：

家庭是孩子的第一所学校，父母是孩子的第一位老师。

孩子的未来，不仅是家庭的未来，也是民族的未来、国家的未来；孩子的未来如何，取决于教育，首先取决于家庭教育。

要知道，一个孩子从生下来那一刻起，所看到的、听到的、心灵感受到的、亲身体会到的，一切的一切，都是教育。最早的、至关重要的基础教育，莫过于家庭教育中的父母教育。

虽然家庭教育如此重要，但在培养子女方面，完美的父母又有几人能够真正做到呢？正如伟大的苏联教育家苏霍姆林斯基所说："再没有比父母的育人之道更为复杂的了。"可见父母育人之艰辛且不易，家庭教育之重要且复杂。

苏霍姆林斯基说"我一生都在力求得到这一育人之道"，他孜孜不倦地致力于学校教育工作的同时，还不忘家庭教育的重要，创办了“家长学校”，经常同孩子的父母们进行谈话和交流，对家庭教育进行研究和探讨，写出多部专著和数十篇有关家庭教育方面的论文。

在这里，我要向亲爱的父母们推荐这本有关家庭教育方面之杰作，正是苏霍姆林斯基长期探索之作——《家长教育学》。他形容这本书“确是冥思苦想的结晶”。

该书的作者瓦·亚·苏霍姆林斯基出生于乌克兰，一生中的大部分时光都在帕夫雷什中学当老师、校长。由于他理想坚定，不畏坎坷和辛苦，献身于教育事业，执着地探索和研究，不断书写出闻名于世的著作，成为苏联伟大的教育实践家和理论家。其一生教育著作有40部之多，在我国就出版了数十种版本，如《给教师的建议》《我把心给了孩子们》《帕夫雷什中学》《公民的诞生》《怎样培养真正的人》等。可以说，他的著作家喻户晓，尤其在2000年，我主编及参与翻译的《苏霍姆林斯基选集》（五卷本），获得了国家图书奖提名奖和第三届全国教育图书一等奖。这部卷帙浩繁的杰作在我国几经再版，流传很广，影响极大，意义颇深，得到教育界许多知名学者和专家的赞许。但遗憾的是，在这部选集中，唯独缺少家庭教育这一部分。

我曾在一篇文章中谈道，苏霍姆林斯基的教育思想中有许多“闪光点”，如他提倡“尽义务”“奉献”的思想；提倡“把心给了孩子们”“爱孩子”的教育思想；倡导教育的宗旨是“培养真正的人”。这些“闪光点”，将永远激励、指引着后人，但很多人都没有关注到他在家庭教育方面的卓越建树。书中那些关于家长教育的谈话，那些用尽心血谱写出的论述以及那些亲切的教诲，都成为父母们走向伟大母亲和伟大父亲的铺路石，是他们培养子女成为“真正的人”的指路明灯。我认为，这一点，甚至是世界上诸多知名教育家难以匹敌的。

本书于1982年由中国妇女出版社出版，内容选译自《苏霍姆林斯基文集》。1988年，苏霍姆林斯基的夫人安娜·苏霍姆林斯卡娅整理、汇编、出版了俄文版的《父母的智慧之爱》，内容基本与《家长教育学》一致，但更丰富。本次出版根据《父母的智慧之爱》一书重新进行翻译，并恢复了《家长教育学》这个书名。

而今，苏霍姆林斯基的这一作品，在2019年全国教育工作会议上，由教育部部长推荐，又被中国妇女出版社领导、编辑们看重，我决定把这部译作奉献给读者，尤其献给父母们，敬请你们去品读这本精辟的《家长教育学》。

书中摆在首位的是“同父母的七次谈话”。也许父母的育人之道，正如苏霍姆林斯基同父母的谈话中所展现出来的那样深刻。让我们一起透过这些感人至深的故事，探讨出如何尽责地去做一名伟大的母亲或父亲吧。

第二部分内容是苏霍姆林斯基生前在各大报刊上发表的有关家庭教育方面的文章、论文，篇幅较多，主要论题有：《谈谈家长的教育素养》《对待孩子：要小心!》《我们要在孩子身上延续自己》《劳动与义务》等，中心思想就是谈“父母的爱之道”和“父母的错误”，以及如何尽到做父母的责任和义务。

书中处处都在谈论父母的爱之道，谈论如何培养子女做人、成人，成为真正的人。苏霍姆林斯基在书中阐述这一真谛时，所用语言朴实无华、亲切感人，许多故事浅显易懂，但寓意极深。虽然苏霍姆林斯基写作这些内容距今已有几十年了，但只要您认真去品读，就会感到书中的话语句句与今天的教育、与您的生活密切相关。这就是经典著作的魅力吧！

家庭教育，形象地说，就是打根基。有了根，才能生长出枝叶、开花和结出果实。学校的教育是建立在家庭的良好教育氛围之上的，孩子不仅是美好之家的一朵花，也应该是家庭的一面镜子。

亲爱的父母，一定要牢记，无论工作有多么重要，不管您是什么专家、有多少成就，也不管您身居何位，有多么伟大，但绝不能忘记，家里还有一项更重要、更复杂、更细致的工作等着您去做，那就是育人。培养自己的子女，是您做人的首要义务和责任。

您手中的这本《家长教育学》，是难得的一本讲述如何培养子女的好教材，书中许多谆谆教诲，值得您去汲取和借鉴。这本书使您成为智慧的父母，使您成为培养子女的教育家，更能使您的家庭和谐、美满、幸福。

亲爱的父母，希望您不仅要把这本书放在自己的书架上，还要把它放在书桌上、床头边。读读吧，可以说，书中的一篇篇、一页页、一句句都有益于我们……

母亲们和父亲们，书在等您翻开！

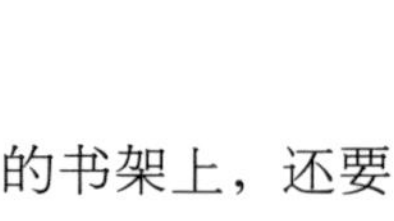

2019年1月

目　录

第四章　我们要在孩子身上延续自己

第五章　劳动与义务

致读者[1]

您手中的这本书《家长教育学》，是从苏联著名教育家瓦·亚·苏霍姆林斯基教育遗产中的著作汇编而成的。瓦·亚·苏霍姆林斯基是一位从事地球上最崇高的事业——育人，并为之奉献自己生命、整个身心的人。

“我把心给了孩子们”，瓦·亚·苏霍姆林斯基正是用这句话作为自己著作中的一本书名。他不仅深入研究教育体系，而且看来也是主要的，就是在他担任帕夫雷什中学校长期间——从战后的1948年起，直到他本人去世为止——以自己的教育生涯和教育实践对其加以佐证。

在当今社会，我们看到了社会大众对教育问题的关注，这种关

① 本篇原文并未署名，但原书扉页上写有“安娜·苏霍姆林斯卡娅（苏霍姆林斯基夫人）编”，因此本篇由其所写可能性较大。——译者注

注笼罩了整个社会，如有关教育的广播电台、电视节目中将同著名教育家访谈成千上万个感兴趣的话题搬上荧屏，家庭问题方面的图书，心理学家、教育家、医生们的建议等，都在我们这个时代如雨后春笋般涌现出来。现在，不会有人对教育采取冷漠态度了。尽管我们在关爱家庭、学校方面做得有点儿太迟了，但重要的一点，就是这种关爱还是出现了，既生动又深刻。我们的国家也大力支持这一点。

家庭是整个人类的基础，是社会的基础。可是社会上种种不良的现象、考虑不周的计划，以及许许多多令人不快的事件还是屡屡出现！此刻，我们去追根溯源，一下子就明白了，在每一个具体的家庭里，如果没有行为准则、不去给予他人关爱和欢乐，那么这个家庭就不会完美，也就培养不出我们的接班人。苏霍姆林斯基对家庭教育十分关切，认为“再没有比父母的育人之道更为复杂的了”。

苏霍姆林斯基面向年轻的父母们还曾这样写道：

我坚信，家庭就是童话般的海水泡沫，泡沫中会产生一种育人之美，如果没有产生人类之美的这种神秘力量，学校的功能就永远会变为再教育。

您在读这本书时，不会发现那种常见的、吓人的“训斥”，不会读到那些好为人师的说辞。本书的文字类似一种谈话，是在同父母们进行谈话，与儿子、女儿们进行谈话。文字充满激情，富于诗意，还蕴含着深刻的个人之痛，又富有丰富的生活阅历。许多篇谈话，读来仿佛是在聆听世界各民族的寓言、神话一般。

苏霍姆林斯基的教育之道，不是那种抽象的罗列，更不是一堆干巴巴的事实和事例的堆积，而是一部来自民间的教育传说，与人们的生活逻辑、与地球上一切之本——对劳动人民的纯洁之爱紧密相连的民间教育学。

许多年来，种种本应被传承下来的东西在家庭内部被中断了、被破坏了，导致两代人相互理解脱节，年轻人的欲望和追求的怪异现象屡见不鲜。目前，非常重要的一点，就是要找到这个“病根”，从中汲取教训，以便恢复家庭的“好名声”，培育我们的孩子走上艰苦的人生之路，即成为公民并去培育新的公民。在苏霍姆林斯基看来，教育是一个不可或缺的整体，需要对孩子进行精神生活方面的教育，而不只是孤立地进行“智育”“德育”“劳动教育”。怎样培养真正的人，就是他创作的主要问题。

本书里所收集的苏霍姆林斯基著作和论文，都是他在20世纪60年代诸多报刊、杂志上发表过的。这些发表过的资料都是源于当时的苏联国内生活，所涉及的问题至今仍不失为一些迫切需要人们关注的问题。

序　言

亲爱的母亲们和父亲们：

近两年来，我收到你们的数千封来信。对每一封信都去回复不大可能，但对有的信又不能不回。每当打开装着那些母亲、父亲书信的信夹时，我觉得所触到的是一颗颗吐露真情的心。在那一页页的字里行间中，有着那么多的苦痛、忧伤和悲愁。您看，今天又邮寄来了九封信。我一一在读，不由得我的心里饱含着他人的苦痛。不，这种苦痛不单是他人的苦痛。对此，如果采取冷漠的态度，不去帮助他们做点儿什么的话，那么又有谁会去帮助他们呢？

在一些书信中，首先让父母焦虑的是，有的子女并非那么随父母所愿……使得家庭生活蒙上了层层阴影……有一位来自新西伯利亚市的母亲，曾在信中这样写道："我的儿子正在上小学三年级。学前他就学会了阅读和写字。在一年级时，他是个优秀的学生，可是现在，我看到我的孩子渐渐对学习不感兴趣了。他得多少分，是三分或是五分，都无所谓了。为什么他就变成这个样子了？不仅仅我们家是这样，据别人家的父母讲，他们家也是如此。该怎样去培养孩子的学习兴趣呢？怎样才能使孩子爱读书，且一开始就能让他们达到爱不释手的地步呢？”

“对我们那个十三岁大的儿子，我该怎么办呢？”一位来自伏尔加格勒市的父亲写道，“他原本是个安静、听话、温和的孩子……突然间，不知何故，变得粗暴起来。正如我们老一辈所说，‘让人家的毒眼给看坏了’。我们相劝，他不但不听，反而以粗鲁的行为相对。怎么办呢？如果任由孩子将这些坏毛病迅速发展下去，后果不堪设想啊！”

在第三封书信里，已不单是一种忧伤，而是一种苦痛与绝望。一位来自顿涅茨克的母亲这样写道：“我就这么一个儿子。不久前，他读到了九年级。为了他，我付出了全部精力、全部生活。我放弃了个人幸福，为的是把心思都放在他身上，为的是他能成为幸福的人。我放弃了自己的一切，就是不让他感到有一丁点儿缺憾。可是突然，一种巨大的悲痛落在我的身上。有一次，儿子刚回家就对我说：‘我已经三天没有去学校，我不去上学了。您要是想逼我，那我就离家出走……’我一边哭着，一边劝说。儿子反而愤怒了：‘我要去工作，要去挣钱。我要把您在我身上所花的钱都还给您，而且我再也不愿意和您来往了！’天啊！为什么要这般羞辱我呀！真如同拿着一把刀子在刺我的心。我怎么会落到这种地步呢？我活着只是为了他呀……”

在这些不同的信件中，却重复着同样的悲剧，那就是孩子们不再相信善良和人性，他们的心变得粗暴无礼、残酷无情。于是，父母们发出呼喊：“怎么办呀？”

不仅仅是来信倾诉，还有许多母亲从各地带着自己“以后怎么办呢”的忧伤而来。我们的谈话也像那些坦率的书信一样，既艰难又坦诚。所有这些令我确信，我们社会中的很多人（父母也好，即将组建家庭的青年也好），需要学习父母教育学，需要这样一套有关家庭、婚姻道德素养、培育孩子的书。《家长教育学》应当成为我国每个公民的必备书；人们应当在专门的家长学校里学到父母教育学，应当把培养人的科学放在首位。

三十多年来，几乎每天我都要去会见一些家长。无论是单独谈话，还是在家长学校的课堂上，父母们提出最尖锐、最强烈的问题，就是一个“怎样”的问题：怎样教育呢？怎样才能使父母的爱、疼爱与严格要求和谐一致呢？怎样给孩子幸福呢？再没有比父母的育人之道更为复杂的了。我一生都在力求得到这一育人之道。《家长教育学》确是我冥思苦想的结晶。哪怕它能为父母必读那类书籍中增添一页，也是我之所愿。即使它成为父母育人之道宝库中的一点一滴，也是我的最大幸福。

第一章

同父母的七次谈话

同父母的谈话

1

一个人从幼年起就应该去培养他做父母的责任

一位母亲领着女儿去上学。

这位母亲……几乎还是十年前的那般模样。她当时走进教室，抽出考卷，无须准备，便出色地回答了所有的历史考题，通过了考试。接着，她又出色地答出了文学、数学、化学、物理几科的考题。她成了学校的骄傲。岁月匆匆，现在她已经是母亲了，领着女儿来上学。这位母亲仿佛猜到我想了解她生活情况的愿望，于是她讲道：

我上了大学，读了两年就结业了，成绩很不错。可后来，命中注定我变成了另一个样子。我出嫁了，因丈夫工作经常流动，我不得不停学。跟丈夫过了半年，我们就分手了。每当和别人谈起这件事时，那些人往往默默地表示同情，或者用一些无关紧要的话来安慰我。其实，我不需要同情，也不需要安慰。我最大的怨恨，就是怨恨那些在我青少年时代曾教过我的人。

这位母亲叹了口气，又沉默下来。我感受到她身上那些焦虑的思绪，这种思绪多年来同样令我不宁。于是我问道：

您究竟有哪些怨恨呢？

她回答道：

他们没有教会我怎样生活。要知道，我和丈夫分手并非因为彼此失望，也不是人们常说的“性格不合”。都不是。我们简直不会生活，不会做丈夫、做妻子；无论是他，还是我，都不会。我们不善于彼此相爱。是啊，人之爱是有学问的！可我们简直想象不出夫妻之间这种爱应该是个什么样子，甚至没有人跟我们谈过这一点。我们彼此不会尊重、不善于体会身边的那个人。我们不会忍让，也不善于用理智去控制感情，不善于珍惜生活。要知道，善于珍惜生活，该有多么重要啊！

当时，我同这位年轻的母亲畅谈很久。这次谈话将永远铭刻在我的记忆里和心坎上。现在，在我着手写这本《家长教育学》的时候，我常常在思考：这本书的第一页在哪儿呢？连第一页都没有，这很糟糕。等同于要建筑大楼却没打地基一样。说实在的，我们的学校的确没有去教学生最重要的一课，即没有教会他们生活。我们教出来的人知道许多有益的、有用的知识（有时也有不大需要的东西），比如太阳内部是由何种物质构成的、星际空间一立方厘米的物质有多少原子、汉穆拉比法典写的是什么、什么是重力……但对于一个人怎样去过家庭生活这个问题却一无所知，也就意味着他们不知道怎样去做妻子和丈夫，不知道怎样去做子女的母亲和父亲。我们这些当教师的、做父母的都没有去思考生活中最主要的一点，即我们每个公民都应懂得的道理，那就是人与人之间的关爱关系。我们往往忘记了一点，就是每个人刚生下来时，还不能称其为是个完整的人，是需要我们把他培养成人的。每一个人，一旦他学会了思考、有了感受，就会朝着称之为人类的幸福之泉奔去。每个人都渴望得到幸福，但并不是每个人都在为挖这口幸福之泉而劳动着。一个人在童年时就该学会为别人去挖这口幸福之泉。谈到这一点，很可惜，学校的教程里暂时还没有这样一门课程。

倘若真有那样一位教师，以“青年家庭中的夫妻关系”为题，同八九年级学生进行教育谈话，大家会把这位教师看作怪人。其实，同青年人谈这个问题，远比与他们谈论亚述帝王的遗址或银河中心来得重要。

当然，您会觉察到：一旦在高年级班上同学生们谈爱情、婚姻、孕育（文学课上，无论如何避不开，教学大纲有要求）这类话题，那些青少年们就会暗自发笑，窃窃私语起来……这一点，仿佛是一面镜子，可以让我们看出高年级学生对人生及未来一些重大问题的轻浮态度。我认为，理想的境界应当是这样：每当谈到爱情、婚姻、孕育的那一瞬间，作为人，无论是儿童、青少年，还是成年人都应当有一种强烈的责任感，仿佛是一个有激情、有教养的人面对千年艺术古迹时的那般感受。

作为年长的这一代，应当学会与儿童、青少年谈论爱情、婚姻、孕育、忠贞不渝、死亡和缅怀这一类伟大而美好的话题。为使我们的孩子懂得情感之美与纯洁，我们必须去学会谈论与思考这一话题。在这方面的无知，必将导致孩子们的悲痛与流泪。

近十年来，我分析了两百个青年家庭离婚的原因，其中一百八十九个家庭是因为年轻夫妻不善于彼此理解而离异。

年轻人在结婚时，对于婚姻生活所要求的那种复杂而微妙的相互关系一点儿概念都没有。因为没有人向他们讲，所以他们自然不知道。夫妻要日复一日地生活在一起，住在一个房间里，夫妻生活并非是令人愉悦的短暂幽会，而是需要终生付出无与伦比的劳动，需要付出精神上的紧张。为此，人们必须具备很高的素养、巨大的精神准备和更多的智慧！

不管有多奇怪，学校里确实没有开设父母教育学的基础课。所以，某些年轻人遇到孕育下一代这种事，在道德方面的准备好似一个文盲，一概不知，如同面对一堆哲学难题一般。生活要求我们为中学高年级的少男少女们开设关于家庭、婚姻、孕育和培育子女的课程，而讲这门课的人，应该是一位精神丰富、道德高尚的人。我们应该在未来的父母面前，用令人信服的事实去阐述婚姻生活的道理，首先是夫妻关系，然后是父母与孩子之间在思想情感上时刻要有所沟通。看起来，这很简单又平常，其实是一件复杂而又细致的事，需要用心和智慧才能做到。这一点需要母亲、父亲、教师本身具有较高的智慧。如果我们在青年男女面前真能展示出生活中这一富有哲理和复杂的一面，必将有助于他们成长为成熟而又严谨之人，不会出现一些年轻人在言谈举止方面轻浮的现象。

如果有人要我编写高年级学生所需要的关于家庭、婚姻、爱情、孩子的课程大纲的话，我将把人的欲望素质放在首位。要知道，过好婚姻生活需要夫妻之间相亲相爱、彼此尊敬，把对方看作自己的贴心人。首先要学会控制自己的欲望。为了家庭、父母、孩子们的幸福，有时需要放弃自己的部分欲望，而且要学会善于控制自己的欲望。世界上只有那些善于主宰自己欲望的佼佼者，才会充分驰骋于欲望的天地。您要记住这一点啊，也要教自己的孩子懂得这一点。那些匆忙之下，不经思考而离婚的人，首先是利己主义者、个人主义者。对这些人而言，他们的个人欲望高于一切。亲爱的父亲们、母亲们，聪明之举就是把“青年家庭的欲望和谐起来”这一最隐秘之点传授给自己的孩子们。在阐述这一点时，我们应当去分析青年家庭里可能发生的事情，以富有教益的事例来说明人的欲望是怎样产生的，哪些欲望可以得到满足，而且在什么条件下去满足；哪些欲望必须善于节制，怎样使自身的欲望服从于家庭的共同利益。我毫不夸张地说，那些不会做丈夫、做妻子的年轻父母们，面对这类问题往往有如孩子那样无力、无能和缺乏经验。很遗憾，我们应该像帮助孩子那样去帮助他们。这些“孩子”最大的痛苦，是在他长大后生儿育女的那个时候。因为他们在道德上、精神上还像个不懂事儿的孩子，自然会给社会、给下一代带来不幸。

我要揭开一个小秘密。其实我们已经有关于家庭、婚姻、爱情、孩子的课程了。我们已有好几个年头去教青年男女们如何准备结婚，告诉他们过好家庭生活的关键在于如何提高人际关系素养以及怎样培养自己的子女问题。当然，现有的教学计划中尚未设置这样的科目，也没有规定课时，要讲授这样的课程是不容易的。但是，不管多么困难都要去克服，因为这门课的必要性并不亚于数学、物理、化学，甚至也许是最为重要的。您自己思考吧，不是所有的人都能成为物理学家和数学家，但每个人都可能会成为丈夫或妻子，成为父母。

可能有人不理解我，仿佛是我在贬低数学和其他自然科学的作用。当然，没有这些学科的知识，甚至连进入科学的门槛都不可能，可毕竟关于人的知识更为重要。在学校的教学计划中，即使不是今天，总有一天也定会开设关于人际素养课程的，而且也将会安放在所有学科的首位，因为我们是生活在人的世界里。

亲爱的父亲们、母亲们，去培育自己的孩子，做好当母亲、父亲的道德准备吧。

做好当母亲、父亲的道德准备是什么呢？从人的本质来讲，最为重要的一点就是尽责，就是关于一个人所要承载的对他人的责任——责任，责任，还是责任——要使这种认识打从一个人降生起就去灌输，为的是使他真正成为一个高尚的人。

同父母的谈话

2

谈谈父母的公民责任和道德责任

身为父母的情感是难以用语言来表达的，这种情感只有等到自己做了父母之后才能体会到。我记得学校曾发生过这样一件感人的事。有一对年轻夫妻（都是教师）结婚很久没有孩子。两人十年来苦苦等待为人父母的幸福，后来甚至不再相信他们会有这种福分了。可是，突然有一天，年轻的妻子怀孕了。在教员室里，她饱含喜悦的泪水述说了这件事。起初对女老师们讲，接着女老师又讲给男老师们听。大家都十分高兴，纷纷祝贺。

当年轻的父亲将妻子和儿子接回家时，他幸福满面，心花怒放。后来，他还抱着小孩儿来到学校，想说些什么，却止不住哭了起来。他强忍着激动说道：“从我听到他的第一声啼哭起，我就觉得自己判若两人了。这个小生命，就是我骨肉的一部分。我有一种感觉，他就是我的第二颗心、第二个我。”然后他又说，现在在班上、在课堂里，看见孩子们完全是另一个样子了，“每个孩子的痛苦都成了我之痛”。

身为父亲、母亲，让我们思索这些话吧，孩子就是我们身上的一块肉啊！对于创造者而言，再没有比做父亲、母亲更为高尚、更为神圣的了。当您的孩子呱呱坠地，开始呼吸，睁开眼睛看世界，从那时起，您就承载着一种巨大的责任。您在看着孩子的每一个瞬间，您也在看着自己；您在教育孩子的同时，也在教育着自己，在检验着做人的品格。

世界上有千百种职业、专业和工作：有人修铁路、造房屋，有人种地，有人救死扶伤，有人制作服装……但有一种包罗万象的、最为复杂的，也最为崇高的工作，人人都在做，而且每个家庭又各不相同，绝不重复——那就是育人。

这项工作的特点就在于人们从中可以领悟到无与伦比的幸福。父母在繁衍下一代的同时，也会在孩子身上再现自己。这种再现的程度，完成取决于父母对孩子的道德责任。这项工作的每一个瞬间都可以称为教育，这是为了未来、着眼于未来的一种创造。

这种教育是社会教育与个人教育有机地交融在一起的。依我之见，正是在这种公、私教育交融之中蕴含着人类幸福的声音。

如果您想身后在人世间留下痕迹，其实未必都去当个著名作家、科学家、宇宙飞船的制造者，或者去当个化学元素周期表中新元素的发现者……您能教育出好孩子，让他做个好公民、好劳动者、好子女、好父母，您就会在社会上得到肯定。

创造人，需要您集中高度的全部精力。这里不但需要生活智慧，也需要技巧，还可以将其称为一种艺术。孩子们不只是幸福的源泉，孩子本身就是您劳动创造出来的幸福。您也许是一位小伙子，正站在极度紧张地等待与情人幽会；您也许是一位年轻的父亲，正在摇篮旁哼唱着古老的小调；您也许满头白发，由于家庭生活的欢乐与忧愁而变为一位阅历丰富的爷爷奶奶。记住这一点吧！父母的幸福不是上天赐予的，幸福也不会随着青年男女成了丈夫和妻子，就作为节日的客人而自然到来。只有付出艰辛、饱经苦难得来的幸福，才是真正的幸福。这种幸福是不畏枯燥、乏味，长年付出艰辛的劳动直到忘我的人才会得到。培育孩子的复杂性，还在于将理智与情感、智慧与爱情交融在一起，既赏心悦目于眼前，又要诚惶诚恐于未来。凡是缺乏作为父母的这种睿智，那么幸福就化为泡影。

我回想起一件令人痛心的事。我们社区里住着一位心地善良的好人，一位令人敬重的劳动者——康拜因①操作手，他叫伊万·菲利波维奇。他由于忘我的劳动荣获过勋章，他的照片经常刊登在报纸上，甚至路边的宣传牌上还刊登了伊万·菲利波维奇的大照片，旁边写着：“我们学习的榜样。”

伊万·菲利波维奇有个儿子，也叫伊万。他是独生子，父母对他格外疼爱，但他们的这种爱不够合理：小伊万的一切任性要求，

① 康拜因，即联合收割机，此为20世纪50年代译法。——编者注

他们都去满足。孩子要什么就买什么（一直到十四岁，他们还称儿子为“宝宝”），让小伊万感到自己是沉浸在父亲的荣誉之中，生活在蜜罐里，不必饱受任何苦难的磨砺。他长成一个游手好闲的人。在他看来，得到的一切都是轻而易举的。然而，对一个人来说，在童年和少年时期得到欢乐和幸福越容易，到了成年时期就会知道真正的幸福越来越少。亲爱的母亲和父亲，您可要反复思考这条教育规律啊！教师常去邀请伊万·菲利波维奇来校，但他总是说没空儿，不是去参加农庄的一些会议，就是到区里介绍经验，要不就是到邻近的农庄检查工作。有一次，小伊万发生一件不幸的事，他把同班的一个女生打伤了，到了不得不就医的地步。学校派人去找伊万·菲利波维奇，请这位父亲快去学校，说他的儿子出事了。

“出什么事了？”父亲焦急地问道。

来人述说了发生的事，这位父亲轻松地叹了口气，说：“咳！我以为他出了不幸的事了呢？……现在我可没空儿到学校去，我马上要去参加一个先进工作者会议……”

傍晚时分，伊万·菲利波维奇被叫到了学校。他听完老师叙述事件经过后，一句话也没有说，回到家里就把儿子狠揍了一顿，边打边说自己的愤怒：“教训你，就是为了不让学校再来找我。”可就在第二天，小伊万就跑到田地里，抓了两把稀泥，糊在父亲相片的眼睛上。到了这个时候，父亲伊万·菲利波维奇才恍然大悟，教育孩子是得用理智、用心去做好的一项细致的工作……他懂了，但也晚了。亲爱的父母们，让我们深思生活中这段真实的故事吧。

不久前，我收到从乌拉尔寄来的一位好工人的来信。“我获得过奖章”，这位父亲写道，“大家都来祝贺，家里充满欢乐。可是我的儿子，五年级学生，十二岁了，却用离家出走来祝贺我的荣誉……这几天，对我来说很苦恼。我反复思考着我的所作所为以及我是怎样生活过来的。思前想后，我得出一个结论：不是儿子的错，而是我的错，是我不了解他。我唯一的功劳，似乎只是生了他……却没有带给他童年的一点儿欢乐。一旦儿子在学校里犯了什么过失，我就打他，儿子很恨我。现在，我犹豫了：如果最重要的东西都没有了，那些勋章、荣誉和同志们的尊重，对我来说又有什么意义呢……”

请您深思这些用真情实感写出来的字句吧！无论您处在什么样的工作岗位，有着何等重要的、复杂的、某种创造性的工作，请记住，家里还有一项更重要、更复杂、更细致的工作在等您去做，这就是育人。对您而言，这不仅是最主要的、最需要的、最迫切的工作，也是我们社会所要求的，并依此形成一条伟大的准则，那就是：人是世界上一切财富中最为宝贵的。尊敬的父亲和母亲，我们每个人都应当懂得，缺乏教养、道德上的愚昧无知和不学无术之人，无异于一个飞行员驾驶着发动机损坏的飞机，不但本人会丧命，也会将他人带上不归之路。

如果老师邀请您去学校，一定要去；要跟单位商量请假，人家会给假的。在我们国家的一些村子里，我知道有十多个集体农庄，如果家里在教育孩子方面出了问题，父亲可以请假离岗两周。毕竟道德上的愚昧无知、不学无术之人给社会带来的危害，远比父亲请两周假（当然没有工资）的损失大过千倍。为此，一定要去认真思考教育孩子的问题，要去触及自身心灵。

有一次，我问一位集体农庄的主席：“您这样做会不会给经济带来更大的损失？”农庄主席回答道：“直接的损失没有，只是那位父亲为教育孩子暂时离岗不拿工资而已。间接损失，整个集体农庄一年需要一百卢布。不过，这一百卢布的损失远比一个人给社会带来的损失要少得多。”

同父母的谈话

3

要审视自身的道德面貌

我看到，莫斯科每月都有上千人举行婚礼，这好哇！不过，我想对每个想要结婚的小伙子说：“检验一下自己吧，您是否做好了育人的准备？”

“若是没做好准备，就不能结婚了吗？”那个小伙子，也就是未来的父亲可能会这样问。

不，不是的。对于人生这一微妙的范畴，不应当作出绝对的回答。在一个人的一生中，自我教育起着巨大的作用。一个善于自我教育的人，才真正配称为有教养的人。

我们要审视自己的精神世界，要洞察自己的内心活动。小伙子，在您产生结婚念头的那一刻起，这一点就显得格外重要。婚姻中同妻子相处和教育子女，如同一朵鲜花上的两片花瓣。请记住，未来的父亲——请记住，年轻人——您的妻子也许过几天就要进产房了。记住吧，做父亲的欢乐，可以与园丁的欢乐相媲美。园丁成年累月，保护小树免遭严寒酷暑，常常夜不能寐地进行呵护，最终看到自己的劳动果实才是他最大的欢乐。

培育孩子，需要付出一种特殊的力量，那是一种精神力量，我们要用爱，用父亲对母亲的爱和母亲对父亲的爱，去创造人，坚信用人格美和人性美去创造人。优秀的孩子们，往往生长在母亲和父亲彼此真诚相爱，同时也爱他人、尊重他人的家庭里。我从这样的孩子身上一眼就能看出，他们的父母往往都是深情地、真诚地、热烈相爱着的人。来自这样家庭的孩子，往往都是内心平和、身心健康、相信人间之美；听老师的话，善于敏锐地接受那些细微的、影响人心灵的一些东西。

小伙子，检验一下自己吧，扪心自问：您爱他人吗，能为他人奉献出自己的精神力量吗？如果不能，那通篇的《家长教育学》就化为空谈。记住吧，您要养育孩子，首先应当真心实意地爱自己的妻子；真诚地爱，就要奉献、投入精神力量，视她为自己施爱的一部分。一个好丈夫，是用爱去创造自己的家庭幸福。这种爱，宛如太阳之光热洒在玫瑰花朵上；这种爱，必将化作孩子的道德美。

爱自己的妻子，就意味着对她尊重、呵护、崇拜，谈到“爱”这个词大可不必羞于启齿。要发自肺腑地坚信，她是世界上所有女人中最好的，因为她是您的妻子，是您子女的母亲。

尊敬的父亲，也许您觉得本书中的这些话有些奇怪，也许您会想，这跟教育孩子有什么关系呢？的确有直接关系。因为夫妻之间的爱、忠诚、相互帮助，就如同滋养父母智慧大树的那些根茎。

作为未来的父亲，您有必要去检验自己，看着您的精神力量是否能应付这件并不轻松的劳动——用一生去爱自己的妻子。

如何检验呢？怎样去爱呢？有这样一种危险的东西，那就是心灵的懒惰。审视自己的内心有没有这种不幸的“种子”。如果有的话，就赶快抛弃它，切莫让它发芽滋长。心灵的懒惰，就是对人冷漠。每当您走在繁华的大街上、人群之间，发现有的人眼睛里会流露出一种恐惧和绝望。当您的眼睛从那人眼前滑过，不会有一丝绝望和不安传到您的心灵深处，您也没有想到您面前的那个人正面临着痛苦，有可能那个人的整个世界在您面前崩塌。须知，每个人的心灵，都是一个独一无二的世界。如果您对这个世界没有感受的话，就意味着在您身上有了心灵的懒惰这种“病”的先兆。要去战胜这种疾病，要去关注您周围所发生的一切，要学会洞察人和对人有所感受，要记住您周围的世界里最主要的是人。人本身就非常复杂而又具有多面性，有其自身的欢乐和痛苦。如果您自己不在这种病的萌芽期就去战胜它，那么您就不会洞察和感受到自己的妻子是一个人，不会善于去爱她，不会在她身上创造一种美和高尚的品德，您也就不会正确地去培育自己的孩子。

同父母的谈话

4

怎样提高您在孩子心目中的地位

家庭是社会的基本细胞，它在经济、道德、精神心理学、美学等诸多人际关系方面有所体现。

这里，用一个家庭的遭遇来看。

有一位年轻的农艺师尼古拉·彼得罗维奇和畜牧场的女工玛丽亚过上了温馨而又欢乐的小日子。别人帮助这个新家庭建好了石房子。男主人在宅院旁开发了葡萄园、养蜂场。农艺师的家与果园、葡萄园连在一起，成了一块恬静的小天地。然而这个家庭里的生活却沉痛而郁闷。

随着时间的推移，男主人尼古拉·彼得罗维奇越来越想发财。

为防止居心不良的人采花摘果，他在宅院外围筑起了高高的围墙，从早春到晚秋一直住在园子里过夜。园子里收获的果实悉数拿到市场上去卖。妻子玛丽亚请求给家里留下一点儿，可是男主人就是无动于衷。他在房子附近建了一个石砌的地窖仓库，为园子安装了电气喷灌设备。他又弄到了新品种的西红柿去栽种，也是为了拿去卖。他还在园子里修了一个温室，里面不单有早熟的西红柿，还有花，又是为了拿去卖。

尼古拉·彼得罗维奇和玛丽亚有个独生女儿。他从不允许女儿邀请同学来家里。女儿奥克萨娜中学毕业后，到制油厂实验室工作。有一位年轻的机械师爱上了这位姑娘。有一次，姑娘带着男友背着父亲偷偷地进了落满白雪的果园，打开了温室并为他采摘了几朵鲜花。突然间，父亲进来了。看见女儿和那个年轻人在温室里，他一把夺过鲜花，勃然大怒起来。

“我再也不会踏进这个可恶的家了！”奥克萨娜说，“您作为一个父亲，是在极力扼杀我的全部人格，您毒害了我的童年，您的心灵冷酷无情。”

奥克萨娜离开父母走了，几年之后，母亲也离开丈夫到女儿那里去。家里只剩下尼古拉·彼得罗维奇一人与“自己的宝贝们”相伴。如果幸福是建筑在卑鄙的贪欲之上，那么这种幸福必将化为梦幻和有毒的东西。

财产，只有在它是为了人们服务的时候才是财产。尊敬的父母们，在您营造自己的安乐窝之时，一定要记住，我们社会的最高原则是：一切为了人，一切为了人的幸福。这并非是什么抽象的真理。这同样是一条极为私密的原则，即命运为了繁衍人类的种族，让我们与我们的父母和亲人们结识在一起的相互关系的原则。

有一天，一位学生的父亲来到我跟前，诉苦道：“我该对那个上五年级的儿子怎么办呢？他变得不听话、骗人、逃避干活儿。就在不久前，还发生了这样一件事。他未去参加少先队的星期日义务植树活动，谎称有病，而事实上踢足球去了。”最令这位父亲不安的地方，还在于儿子只为自己活着，他的心变得冷酷无情，看法也让人捉摸不定。

我听完这位父亲的诉苦后，说：“请原谅我坦率地问一句，您身为父亲像个父亲吗？”“还可以。”那人回答说。于是我又说：“那为什么您的母亲住在一个狭小陋室里？为什么您让她与家庭分开，与自己的儿孙分开，甚至不让她与您同桌进餐呢？您母亲的房间只有一个小窗户，而且已破损，难道您就没有看见吗？您这样做能让儿子成长为集体的一分子吗？您还能对他谈在集体面前的义务，一个少先队员必须满腔热忱地关注祖国利益那些铮铮的话语吗？请记住，滋养对祖国大树热爱的是那些纤细的根。在您儿子的生活中也会有那种时刻，那就是他能为祖母带回一颗从果园采摘的苹果或一束玫瑰花，给她端去一杯新鲜的泉水，帮她扶正枕头。”

您要在孩子的心目中提高自己的地位，就必须极力让孩子看到您人生中最崇高的目标，就在于您正在播种使人类日益幸福的种子。

有位刚刚大学毕业的年轻教师来到村里。有一次，他到畜牧场去讲课，认识了一位蓝眼睛、淡褐色辫子的美丽姑娘。姑娘对他讲述了自己的遭遇：父亲在前线牺牲了，母亲身患重病，她只好上完五年级就辍学到畜牧场工作。

教师爱上了姑娘，并请求姑娘嫁给他。姑娘断然拒绝了："您大学毕业，可我……"那位教师在姑娘面前没有却步，苦苦追求，他教她学习，学了三年。在漫长的冬夜里，两人常常一起做功课，姑娘聪颖又有股韧劲儿，终于通过了中学毕业考试，进入了医学院学习，直到那时她才同意嫁给他。

她在大学毕业后，当了一名医生，夫妻俩生活得很幸福，正在培育着五个孩子。他们的孩子各个优秀，待人热情、和善，对父母体贴入微，心地善良、听话、关心别人，热爱劳动。当您接触这对幸福夫妻的几个儿女时，看到的是他们都自觉地去做不让自己父母痛苦、忧愁和伤心的事，他们千方百计给自己的父母带来幸福。这一切都是父母之间相互关爱、相互忠诚、相互体贴入微的结果。

父母们，首先应以自己的互敬互爱关系为榜样，去教育自己的子女。关于这一点，您应该永远铭记。

同父母的谈话

5

您要珍惜孩子心中对高尚理想和坚定的信念

在孩子面前展现的是一个广阔的世界。他所认识的许许多多的东西，比如：屋子里反射出的日光，有关《伊万西克—捷列西克》的童话，色彩斑斓的蝴蝶，远方地平线上的森林，天上的白云以及白发苍苍的老爷爷等。对他来说，一切都是新鲜的，令他兴奋不已。然而，在孩子面前展现出的还有另一个世界，那就是人。对孩子而言，认识人的世界始于母亲那柔美的微笑、悠扬的摇篮曲、慈爱的眼神和那双温柔的手。假如这个世界时时处处都能以母亲那温柔的目光投射到孩子的心灵中去；假如孩子在自己生活的道路上所遇到的一切，都能像慈爱的母亲那样善良而温柔；那么世界上就不会有痛苦、犯罪和悲剧了。我们的社会就没有痛苦、犯罪和悲剧的社会根源了。

孩子认识人之初，正是从母亲怎样对待他、父亲怎么样对待母亲开始的。童年对善与恶的初步印象和概念，也正是在此时产生。

在一个美好的家庭里，母亲和父亲必须和睦相处。在这个家里，对方所说的话、思维、情感和观念，甚至那些不易察觉的心情，都能以关爱的态度去对待。父母之间都以友善、和谐的心态去相互帮助与支持，相互团结与包容，相互信任与尊重。在孩子面前所展现的这一切，都会使他感受到人类的美，会使孩子有一种精神上的宁静与平和；只有这样，孩子才会对种种不道德的社会丑恶现象做不妥协的斗争。假如这种信念遭到破坏，悲痛和不幸就会闯入孩子的心里。就家庭、学校和社会的道德准则而言，再没有什么比孩子由于丧失自己的信念变得悲痛不幸更为可怕的了。

这里，我记起有关尼古拉·普罗霍连科的一段沉痛往事。只要我听到“苦命童年”这个词时，他就会浮现在我的眼前。他用饱含着痛苦和乞求的目光走到已抛弃家庭的父亲跟前，问道：“爸爸，您什么时候回到我身边？我多盼望您能回来呀……”九岁之前，尼古拉看到父亲和母亲的关系还比较好。父亲也常常帮助母亲料理家务，傍晚时分也能和儿子坐到桌旁，画鸟、野兽和一些奇异的东西……父亲是个司机，每到夏天，他总会带上儿子到近处去旅行。这曾给孩子带去多少欢乐啊！

然而，突然间一切都变了。母亲和父亲成了陌生人似的，即使在桌旁吃饭时，彼此都低着头，谁也不看谁一眼。后来，更可怕的事情发生了，父亲再也不回家了。母亲对他说：“现在，你爸爸不回家了，只有我们俩过喽。”母亲的这句话让孩子听起来宛如晴天霹雳。

在学校里，教育这类孩子很难，非常之难。对待他们不仅需要教育者，而且需要心理医生、需要拯救者。对待丧失崇高理想和牢不可破信念的孩子，我们必须付出巨大的精力，才能使他们重新相信人类的美，相信善良。

尼古拉·普罗霍连科家所发生的这类事，绝非仅有。那些不能或不善于去攀登人格美高峰的父母，播下的只能是不幸的种子，收获的也必然是恶的果子。

还有一种情况，有的孩子并不像尼古拉·普罗霍连科那样失去善良的信念，但就是变得不听话，正像有的父亲抱怨的那样，“多好的话对他们也无济于事了”。遇着这种情况，尊敬的父母们就需要审视一下自己了。在你们的相互关系中，有什么地方出现了裂痕，它起初也许是很小的、不易察觉的裂痕。家庭生活的路自然不会平坦，在精神上、心理上以及道德方面总会出现一些“沟沟坎坎”，比如说：一对朝夕相处的人会变得对彼此视而不见、冷漠无情，彼此说话含沙射影、发泄不满，生活之中常常在精神上相互排斥、彼此厌烦等。

要避免自己的家庭中出现这些“沟沟坎坎”，就要善于去创造家庭生活中巨大而无价的财富——互敬互爱。这也意味着家庭里具有一种培育孩子最令人高兴的氛围。

同父母的谈话

6

要珍惜人之爱

您要善于珍惜与尊重、赞美与完善人与人之间的爱，这是人类精神最细微也最奇妙，最温柔也最强烈，最脆弱也最坚强，最聪慧也最宝贵的财富。

关于这种财富，人们曾谱写出成千上万首诗歌来赞美。尊敬的父亲们和母亲们，我想和您一道来探讨一下人们很少谈及的爱的另一层面，那就是爱对孩子的教育。

在我记忆的天穹中，有一颗永远闪亮之星，那就是回味尼古拉·菲利波维奇的人生。他是位好医生，十分关心他人，在第聂伯河沿岸一个大型村庄里工作了四十二年，妻子玛丽娅给他生了六个孩子——三个儿子和三个女儿。每当尼古拉·菲利波维奇做完复杂手术回家，看到他略显疲惫的样子时，妻子玛丽娅便说：“就躺在这儿，在葡萄凉亭下休息一会儿吧，再没有比你的工作更劳累的了……”他笑着回答说：“不，世界上最繁重的工作是母亲的工作，既繁重又劳累，还最光荣。我是在帮助病痛中的人，而你是在给人类创造幸福，在创造人。”

每当我回味尼古拉·菲利波维奇时，我就想到他人生中超人般的精神财富——爱。夏日黎明时分，天天为孩子们操劳的玛丽娅尚在睡觉，子女们也在睡觉。尼古拉·菲利波维奇生怕吵醒妻子和孩子们，轻轻起床。他走进花园剪下一朵玫瑰花，带回卧室，插进妻子床头桌上的木制小花瓶里。这个小花瓶是他在婚后头一年开始雕制的，雕制了几个月才完成，花瓶立着看上去好似一片槭树叶……妻子玛丽娅似睡非睡，蒙眬中听到丈夫小心翼翼的脚步声。由于玫瑰花香味扑鼻，她也不能入睡了，闭着眼睛幸福地又躺了半个小时。

岁月飞逝，十多年来，天天早上都是如此。尼古拉·菲利波维奇建了一个专门养花的小温室。无论是寒冷的冬季，秋季里的坏天气，还是早春之时，他总是去采摘一朵娇嫩的小花送给妻子。这时候，孩子们也一个个相继长大了。长大了的孩子们也学着父亲那样早早起床，于是花瓶里的花增加了，先是两朵，然后是三朵，再然后是四朵、五朵、六朵、七朵……

后来，尼古拉·菲利波维奇去世了，子女们也相继奔向祖国各地去工作，而母亲玛丽娅仍生活在第聂伯河沿岸的那个村子里。子女们住的地方不管有多远，在母亲生日那天总要回到她的身边，木制花瓶里又插上七朵耀眼的玫瑰，六朵是孩子送的，另一朵象征父亲送的。母亲玛丽娅不能住到某一个孩子的家里，因为若是优待了某一个，那必然会“得罪”另外的孩子。

这就是我每当谈起怎样教育孩子的时候，总想到这个故事的原因。人之爱，具有巨大的教育力量，凡是能用自己的人生为人类增加最宝贵财富的人，他在教育自己的同时，也教育好了自己的孩子。因为正如列夫·托尔斯泰所写：“教育孩子的本质就是教育自己，而自我教育本身就是影响子女的有力手段。”

尊敬的父亲，尊敬的母亲，尊敬的即将迈入婚姻殿堂的青年男女们，为什么我们今天要谈论爱情，因为谈论爱情就是在谈论神圣的教育。有关人与人之间的爱，这一点非常有强调的必要，因为它不仅仅是一种幸福，不仅仅是纯洁的欢乐、人们愉悦的源泉；它在给人带来最为欢乐、最为愉悦的同时，还带来最为艰难、最为复杂以及最为重要的人的责任——对婚姻持久的责任。

伏尔泰写道：“婚姻以及婚姻关系，或许是最大的幸福，或许是最大的罪恶。”如果婚姻幸福，那就是人间天堂。如果您明白婚姻就是公民的责任，是心灵和肉体、理智和理想的责任交织在一起的话，那您的婚姻就会成为最幸福的。与此同时，您还会在这块巨大并需要不知疲倦地去劳动的沃土上，不停地去耕耘。尊敬的父亲们、母亲们，这种劳动就称为“人与人之间的爱”。

这种劳动的微妙之处，在于蕴含着对孩子的教育之道。人与人之间的爱，不仅仅是本性的吸引和天然的性欲（尽管爱情是以两性相互吸引为基础），也不是那种下意识的一时冲动所致。如果只是靠本性的吸引、天然的性欲而走进婚姻殿堂的话，那所爱双方用不了几个月，就会将爱情消耗殆尽，因为这不是真正的人与人之间的爱。人与人之间的爱，就是心灵与肉体、理智与理想、幸福与责任的结合。

如果要用一条红线把这些贯穿起来，这条红线就是劳动，劳动，再劳动。这种不知疲倦的劳动，能为您本人（父亲和母亲）创造人类的精神财富。

一对青年男女，彼此正在热恋，有人向他们建议：要很好地了解对方，彼此了解越深入越好。那对青年男女却说："不，我们坚信自己的爱，我们的爱是永恒的。"他俩结婚了，刚过了几个月，女方就怀孕了。可那位年轻的丈夫却又盯上了另一位姑娘，他突然感觉对妻子没有爱了，于是又增添一对离婚者。对社会来说，这是一个悲剧；对于尚未出生的人来说，将会终生悲痛。为什么会这样呢？怎样做才能不发生这样的事情呢？怎样去教育青年人呢？

不能仅仅教育别人，首先要自我教育，这一点至关重要。有一些年轻夫妻没有爱情，他们错误地把满足需求的欲望当作爱情。他们的婚姻之中缺少一样重要的东西，就是不倦的劳动，这种劳动的本质就是将自己的精神力量奉献给另一个人，使这个人成为精神上更加丰富、更为幸福的人。这种劳动本身也是一种幸福。一旦年轻夫妻相互创造幸福，他们在日常生活中拥有这种最细嫩又最坚固的人类财富的话，那么这种相互关爱就是持久的，也就不会突然发现一个人比现在这个人好。在谈论爱情、婚姻时，一般来说，不能做这样的比较，说一个好而另一个不好，因为每个人都是独特的。随着一个新人的诞生，便诞生一个新世界。母亲在生孩子之时，作为妻子、母亲的她，会展现出自己那种变化万千的独特之美。这种独特之美，是我们共同创造的，是我们用不倦的劳动创造的。

乌克兰有一句古老的谚语说得好："有一个好丈夫就有一个好妻子。您的妻子如同一口井，看上一眼，看到您妻子什么样，也就看到您自己什么样。"

爱，是人类精神世界中最坚强而又最娇嫩的一种财富。对于孩子而言，如同迷人的音乐令其心醉。爱，这一财富经常拨动儿童心上的敏感之弦，使之对话语、美好的愿景、抚爱和热诚具有敏感性。凡是童年沐浴在父母之爱的阳光下，那样的人就会彼此去创造幸福。而他们对父母的话语、愿景、教导、赠言、忠告和誓言会有特殊的敏感性和领会能力。

在尼古拉·菲利波维奇的家里，有这样一条规矩：每当家里午饭后，所有的孩子都要去收拾桌子、洗碗（他们之间的年龄差距不大，只有九岁）。有一次，全家在院子里的梨树下用餐，最小的六岁女孩忘记了自己的责任。她的妈妈摇摇头责怪她，并做了本该由小女儿去做的事，小女孩哭了起来，她深深地受到了良心的责备……

究竟应当怎样在自我教育的同时教育自己的孩子呢？

如果我们在爱的许多同义词中间选择一个最能表达的词，那就是责任。

爱的教育力量，在于一个人对另一个人的一种责任。爱，意味着用心去感受他人最细微的精神需求。这种用心去感受他人的能力，以及父母传授给孩子的东西，往往不是靠语言，而是靠父母做出榜样得到的。尼古拉·菲利波维奇并未要求孩子跟他一样早起给母亲送花，或者像女儿们所说的送给母亲一朵清晨小花；他也没有刻意让孩子们看到他是怎样走进花园，到温室里去采摘鲜花的。孩子们睡下了，仿佛是在梦中感受到父亲所做的一切，学会怎样表达感情，体会给母亲带来何种感受。孩子们体会到人类最强大的追求，就是追求幸福。他们都想面对这种追求，他们去做了，去创造幸福，给母亲以欢乐。一朵清晨的小花对母亲而言，就是美的顶峰、人类精神财富的顶峰，是尼古拉·菲利波维奇一家用不倦的劳动创造出来的。为了达到这个顶峰，需要走过坎坷不平的石路和崎岖小路。培育六个孩子，这种劳动需要母亲付出巨大的体力和精力。每走一步，孩子们都会看到，也可以说是用心感受到父亲对母亲繁重劳动的态度。一旦孩子们能够用理智和心灵去理解这一点，令他们感动的就不只是父亲为减轻母亲的劳动承担了可以承担的一切，还在于父亲对母亲的理解以及从内心深处感受到母亲的不易。

“这种‘帮助母亲’的才能的发展，亦是一种自我教育，也是最好的、最为先进的榜样作用，”伟大的智者列夫·托尔斯泰在谈到榜样的作用时这样说过。一位年轻的父亲，在幼小儿童的眼里不知疲倦地发展这种才能，妻子的忙碌和操劳渐渐变成他的忙碌和操劳，那这个家庭就会变成对孩子进行情感和道德教育的学校。似乎没有刻意去教孩子们不要对他人冷漠，可他们还是具备了敏锐、礼貌、善良、细心的品德，这些都是从父亲的自我教育中得来的。

马克思认为，只有持久存在爱情的婚姻，才是有道德的婚姻。爱，不仅是人类精神的无价财富，也是持久变化着的财富。它不是一颗钻石，几十年一成不变地在闪光；它是块宝石，色泽每年甚至每个月都在变化。最令人吃惊的一点是，凡是拥有这块宝石的人，就会成为宝石色泽的主人和主宰者。

您要善于成为魔法师，依靠魔法师的魔力艺术，使这块爱情宝石永远熠熠生辉。爱情的教育力量，就取决于这种艺术，尤其是心灵与肉体、理智与理想、幸福与责任结合在一起的牢固婚姻，更是如此。

夫妻之间的爱，如果只有情欲，再没有什么可以支撑婚姻的话，那蜜月时期的甜蜜很快就会消逝，爱情的宝石也会化为木炭。您的家不再是天堂，而是地狱；对于孩子来说这就是灾难，他会心情冷漠，对人失去信任。

在具有高尚道德情操的婚姻中，最初的情欲似火，会留下终生最珍贵的记忆，会像光亮一样在相互创造幸福、教育子女的新生活中折射出来。在具有高尚道德情操的多年爱情中，每一步都能反映出人对人，尤其是丈夫对妻子的那种高尚情操。对妻子、对母亲的那种高尚情操，所体现的就是对生命之本、对生活本身的态度。因为女人、妻子、母亲，她们是生命的创造者。一旦这个思想像一根红线贯穿整个家庭生活的话，孩子就会以父母（首先是父亲）为榜样，学会珍惜生命，懂得对待生命就如同对待最宝贵的财富一样，任何东西都是无可比拟的。

要学会珍惜生命，因为这是道德情操之主根，由此才会滋养被关爱之人的枝叶。我知道有一个美好的家庭，丈夫是拖拉机工作队的计工员，妻子是挤奶员。她的工作不轻松，一周有好几天必须在早餐前去挤奶场干活儿。为了做早餐，必须4点起床。丈夫为了不让妻子这么早起床，他就在4点起来做早餐和午餐，并送妻子去工作，然后再送孩子去上学。下午4点，丈夫下班回来时，孩子们已经在家，妻子还没回来。丈夫又同孩子们一起做晚餐。父亲和孩子们都受着同一种思维支配：母亲不容易，今天她一定很累了，我们要做好晚餐；我们所做的一切，都是为了母亲下班回来能够好好地休息一下。

干活儿对孩子们来说，不是游戏，而是对最可爱的人——母亲的一种关怀。母亲是由于日复一日付出自己的体力和精力，给他人带来欢乐，她才会成为最可爱的人。对人们而言，只有奉献自己精神力量的人才会成为可爱的人。如果您是一位母亲，想成为世界上，或子女眼中最爱的人，那您就要让他们以高尚的境界极力为您去创造欢乐和幸福。

对孩子而言，对人世间最美丽的花冠——女人的认识，往往是从细微的、不知不觉的琐事中体验到的。每一次，在母亲繁重劳累的工作日之时，父亲就和孩子们一道准备晚餐，准备出一条洁净的毛巾，挂在洗脸盆旁。母亲是最辛勤的劳动者，那块洁净的毛巾就表示对她劳动的尊重，也是对人类之美、对生命之源的尊重。

这就是爱的教育，是自我教育和以自己的行为对孩子们进行的教育。只有先有了父亲的自我教育，才会产生孩子的自我教育。没有父亲的光辉榜样，所有对儿童的自我教育的谈话都将化为空谈。

没有父母的榜样、没有父母在相互关爱与尊重中反映的光和热，儿童的自我教育简直就是不可能达成的。

孩子想成为一个好人，前提是只有在他看见理想的东西，并被这些理想的东西所吸引之时才有可能。在非常细微的教育氛围中，道德观念只有在人的高尚情感基础之上才会形成。而孩子们的情感，大多是由父母的情感激发出来的。

下面是与我的学生瓦利娅·科布扎莉在毕业典礼前夕的谈话，讲述了她童年时代最为深刻的一段记忆：

在我七岁那年，妈妈得了重病。父亲常常通宵守候在病榻前。那一段往事我依然历历在目。有一天，黎明时分，我醒了。母亲呼吸急促，父亲朝她俯着身子，望着她的脸。他的眼里饱含着一种难以忍受的悲痛，那一刻他在我面前流露出的那种痛苦、那种爱，就是人性鲜为人知的一面——忠诚。我似乎就是从那天早晨起，真正喜爱上了父亲。

十年过去了，爸爸妈妈过得仍旧和谐美满。在这个世界上，他们是我最亲爱的人。我以一种特殊的感情在爱着父亲，我一向都听他的话，从不说谎。每当我注视他的眼神时，总能看到伟大的爱所蕴含的那种炯炯有神的目光。

父母们，对这些问题您可要深思啊，我们要在孩子的心中留下什么，我们会留下什么样的行为举止、话语、情感呢？我们在孩子的记忆中是什么样的呢？在他们眼中的地位如何呢？

有一种唯一强大的精神力量，一种任何力量都不能与它相比拟的精神力量，那就是要善于把我们的形象——真正“美”的形象，深深印在孩子们的心灵之中。这种力量就是人类伟大的精神财富，就是爱。我们要用自己的生命去创造这种财富。父母的心中有爱，才会有育人之道。

同父母的谈话

7

家庭的道德价值

乌克兰诗人科特利亚列夫斯基曾对理想中的幸福家庭做了绝妙的阐述，他说："家庭是个祥和、宁静之地，人在那里尽享幸福、安乐。"

每当我思索"安乐窝"这一博大而又多面的概念时，不由得会想起阿列克谢·马特耶维奇一家。阿列克谢这个人是我们这里备受尊敬的一位集体农庄庄员。他和妻子玛丽亚·米哈伊洛夫娜都曾在我校读过书，现在他们的三个孩子也正在我校就读。

令教师们为之感动的一点，那就是在这个家庭里，父母之间、父母与子女之间是那么亲密、真诚与率真。这一点正是需要每一位想去探索家长教育学奥秘的人特别关注的。家长教育学的奥秘之处，就在于营造一个人与人相互真诚关爱的氛围。

每当女儿玛丽卡从学校归来，刚一进门，母亲就会从女儿的眼神里觉察出她在学校里是否发生了不顺心的事。

“玛丽卡，说说你在学校里出了什么事？”

玛丽卡对妈妈说：“今天学校进行代数测验，测验题很难，也许我在计算上出了差错……”

当时，奶奶玛丽亚正忧心地、不言不语地坐在窗旁。惊惶不安的孩子们一个接一个地走到奶奶身边问道：“奶奶，您是不是不舒服了，我能为您做点儿什么？”

几个孩子放学后，一向先稍稍休息一下，就去做家庭作业。每个人独自去完成需要去做的每一件事，是这个家庭里最重要的一条准则。

阿列克谢家里已有两个孩子上学。有一次，学校召开了一次家长会，讨论家庭如何使孩子们拥有敏锐而细腻的精神生活、崇高的荣誉感和力求独立去做一切事情等话题。

班主任对母亲说：“尊敬的玛丽亚·米哈伊洛夫娜，此刻所有的家长们都想听您讲一讲，请您谈谈吧，您是怎样培育自己的孩子的？是怎样在孩子们的心灵里磨砺出宝贵的品质？这一点，对大多数家庭来说，如同在辽阔的天空中难以捕捉到一只飞鸟一样。”

母亲微微一笑，回答道：“说实在的，我和丈夫都没有时间去管教孩子。我们每天都要上班，丈夫在畜牧场工作，而我每到夏天都要去田里的打谷场和菜园里干活儿，冬天还要同丈夫一起到畜牧场工作。孩子们和奶奶一起待在家里。我们家有一条准则，只要孩子能自立就要干活儿。所做的事不仅为自己，也要为他人，而且必须用关爱的目光去看他人……这是一条不可违背的准则。

“说起来，我们真是顾不上对孩子们进行管教。还是请哪位专门在家、经常坐在孩子身边，并严格教育孩子的家长谈谈如何教育吧。这方面我不止一次地听别的家长谈起过……”

这时，我们这些教师也好，家长们也好，终于明白了一个道理：这位母亲所谈的似乎没有教育，但这才是真正的教育。

至于这位母亲所谈的那条不可违背的准则是什么呢？

那就是在人与人之间深深地蕴含着一种高尚品德和心灵之美。

我们年复一年地在思考着阿列克谢家人亲密相连在一起的精神力量，在别的家庭里也可以看到这种力量的萌芽。于是，这成为一条无可争议的真谛，是一种具有巨大教育力量的、最宝贵的道德财富，即人与人之间相互关爱、相互尊重。在阿列克谢家里（其他许多优秀家庭也是如此）都笼罩着尊崇人、尊崇对他人有义务的氛围。

巨大精神力量的培养，在于要使孩子们学会以父母的眼光看待世界。要向父亲学习，像他那样去尊重母亲和奶奶、尊重妇女和他人。妇女、母亲和奶奶在家庭里，可以说是家庭中情感、美感、道德和精神方面的中心，是家庭中的首要人物。父亲下班回家后最先做的一件事就是急切地向孩子们询问奶奶或者姥姥的身体如何。无论他工作多忙，也无论他有多少急着要办的事，对他来说，第一件要关心、要操心的事，就是关照奶奶或者姥姥。

女儿玛丽卡终生都不会忘记在父亲三十岁生日那天发生的事。

在生日那天，客人们陆陆续续到齐了，这个家庭节日一切都准备就绪了，可是突然奶奶生病了。父亲说：“还过什么生日哟！”说完马上送奶奶去医院。

母亲在家长会上所说的那条做人的准则，就是要用关爱的目光看待他人。

正当阿列克谢最小的孩子奥列霞四岁那年，奶奶去世了。当时正值5月，孩子们在奶奶墓前栽上花，又在家旁不远处栽种了一丛玫瑰，取名为“奶奶玛丽亚的玫瑰”。在每年5月阳光明媚的日子里，孩子们总要来到奶奶的墓前献上玫瑰花。这一天，被家里人称为“奶奶日”。

也许某些读者认为，在墓前栽种鲜花呀、为逝者栽种玫瑰呀、家里人特定“奶奶日”呀，这些有必要吗？的确有这个必要！没有这一点，就不要去谈真正的教育；没有这一点，也就谈不上支撑家庭的精神力量。

法国有一句古老的谚语：“活着的人若忘记死去的人，死去的人会报复活着的人。”生活证实，这种报复相当残酷；好比在一片大好的沃土上生长出飞廉①，意指生长出那种铁石心肠、冷酷无情、心术不正的小人。

对死去的人敬重与缅怀，会给活着的人带来生生不息的巨大资本。这好比从沃土中汲取汁液滋养大树生长的树根，给它取个名则是“人性”。

---

① 飞廉：菊科，一种带刺的植物，多系杂草。——译者注

在阿列克谢·马特耶维奇家里，父亲所做的一切，都是为了让孩子们去珍爱母亲。每当早春和夏天，畜牧场里的活儿要比栽培甜菜的田里活儿轻松，于是父亲就去田里干重活儿，让母亲到畜牧场去。父亲总是身挑重担，孩子们各个看在眼里，于是各个都向父亲学习，都以他那高大的、男子汉的目光看待母亲。

与阿列克谢·马特耶维奇这类家庭一致的教育艺术，旨在赋予一种道德财富。这种财富是在家人的爱与善良、责任与劳动，连同个人的榜样紧密相连的关系中营造出来的。

阿列克谢·马特耶维奇和玛丽亚·米哈伊洛夫娜的孩子们之所以各个热爱劳动、真诚、热情，正是从他们最亲的人（父亲和母亲）身上看到了榜样。身为榜样的父母在他们面前展现出做人应有的高贵品质。父亲在把人应具有的高贵品质传给孩子们的同时，也去激发他们自幼就要富有敏锐的良知，并成为一个严格要求自己的人。

如果说，用几句话来表达父母的育人之道，那就在于要使我们的孩子都能成为坚强的人、严格要求自己的人。严格要求自己，就要在心中树立道德规范意识，时时处处表现出诚实与正直，这也是父母对孩子最高的理想与期盼。而这一点，也只有在孩子把爱情、善良、抚爱，同严格要求、义务结合起来，向罪恶、谎言、欺骗做斗争的时候，父母的目的才能达到。

玛丽卡在隆重的入团仪式之前，曾对我说：

我不记得我从什么时候开始干活儿的，只记得我一直在干活

儿。这是很早很早以前的事了。大概在我七岁那年，父亲对我说：“去把三棵葡萄秧苗栽上吧。”我那时已经会干这种活儿了。挖了坑、浇上水，我就把秧苗栽上了。可是当时我没有事先把苗根放在泥浆液里浸一下。我记得当时只想着把根埋在土里就行了，没有发觉那些苗根是否浸过泥浆液。反正是栽上了、浇水了。

到了晚上，父亲问我：“苗根在泥浆液里浸过没有？”生活中，无论在这之前还是之后，我从未骗过人，可这次我却说了谎。父亲立刻就察觉出我说了谎话。他一言未发，只是留心地注视着我的眼睛。接着，他好像深深地叹了一口气，仿佛有人在他的肩上放了一副重担似的。他去刨出我栽种的葡萄秧苗，放在装有泥浆的桶里蘸了几下……而我则在一旁站着、看着……我的脸羞得火辣辣的。父亲干完活儿后，对我说：“也许骗得了别人，但任何时候都不要骗自己。”

有时，一些父母会哭诉着说：“对我们那个儿子可该怎么办呢？他连好赖话都听不懂。您教他，这样好，那样不好；这个可以做，那个绝不行。可他仿佛一点儿也听不进去，无论怎么对他说也是白搭。”

听不进好话，可谓教育上的一大不幸。父母们一旦用言语教育无济于事，就只有挥舞拳头和皮带了……怎样预防这种不幸呢？怎样才能使用言语教育就能达到拨动儿童心中那根琴弦的作用，而不是用绳索去捆绑呢？为此，在一个人的童年早期就应该经历精细的、真诚的人际关系的磨砺。这种人际关系是家庭最重要的道德财富。

第二章

谈谈家长的教育素养

做好家长集体的工作

长期以来，我校开展的家长工作，也和其他大多数学校一样，定期召开家长会议，在学校和家庭与父母们进行交谈；家长委员会的委员们也按照一定的计划进行着工作。然而总的来说，并未真正建立起家长集体。学生的家长们并不在一个地方工作，自然也就不可能在一个企业或在一个机关里建立家长集体。父母们只是在家长会上相遇，而且那时每位父亲或者母亲所关心的主要是自己孩子的成绩和行为，而对于全班或全校方面的其他事就很少去关切了。

由于缺少家长集体，就导致学校和家庭在培养孩子的问题上缺少与家长们统一的集体意见。这就是为什么我们要给自己提出一个任务，即去组织一个友好的、目的明确的家长集体。我们很清楚，只靠开一两次会是不可能建立这类集体的。家长集体有自己的职责，在家长会之外，让这个集体有着积极的、创造性的生活，就像工厂、集体农庄、机关里任何一种集体活动一样。

教育孩子，这是一种劳动，而且是一种极为细致、耐心的劳动。既然孩子们在同一所学校里学习和接受教育，那么意味着他们的父母会产生共同关注的兴趣和话题，也意味着在这些兴趣和话题的基础上，可以组织起一个意见统一的家长集体。

首先，我们应当明确家长集体在面对学校的主要任务——提高学生们的知识水平方面，应辅以的作用和地位。每当分析家庭情况之后，就会发现在读学生的父母之间的文化水平有着巨大的差异。只是少数，一百一十位父亲和母亲是初等教育水平，而大多数父母以及学生的哥哥姐姐们都拥有高等或中等的学历。这些父母中间有许多是工程师、技术员、农艺师以及其他方面的专家，他们毫无疑问能够在教学的各个方面帮助我们的教师们，只有一点需要去努力，那就是去吸引他们积极地、有计划地参与到这项工作中去。

为此，我们决定召开一次家长会，讨论如何督促学生完成家庭作业。我们从家长们最感兴趣的问题出发，开始组建这个集体。在召开家长会之前，我们对家长们是如何督促孩子完成家庭作业的，已有一个明确的了解。在这项督促中有一个原则，那就是，既然学生坐下来读书，就意味着他在做功课。然而他学习如何，他在做什么，功课完成得如何？对此，大多数父母就不大关心了。

老师们在布置家庭作业后，曾到四十五名学生的家里去拜访，发现学生们只去做第二天需要交的作业。比如，七年级学生在周二和周六有几何课，那么作业就在周一和周五去做。此外，学生不但不去看几何书，甚至在完成作业后连书也不曾去碰一下。在其他课程准备上，所看到的情景也是如此。学生整天都在忙于预习，是因为第二天有课。家长们对这一点很满意，他们认为，孩子所做的一切都是应该应分的。

在会上，我们向家长们介绍了课程表编排规则。家长的任务不仅在督促学生做作业，更重要的是去帮助学生运用合理的方法完成家庭作业。我们一再强调，要想让学生在家时能牢固掌握所学的东西，就不仅要去预习明天的课，还要及时地去完成当天的作业。只有如此，才能记得深刻、牢固。预习明天的课就要在家反复去背诵那天要学的课文。即使有困难，也只是在开头。一旦学生坚持进行预习，会渐渐地为以后积累资料，日后也就轻松了。

在家长会上，家长们也提出教师应该注意的问题，比如家庭作业量不均衡、每周有几天作业量特别多。家长们的批评意见告诉我们，只有双方共同努力，才能尽快克服教学工作中的问题。

家长会给我们带来了显著的效果：家长们业已注意让孩子们在做家庭作业时，不要匆忙草率。组建家长集体的下一步是举办“家长日”活动。为了迎接这一天，我们做了长久的准备。我们希望所有的家长都能来校，希望他们通过具体的事例懂得，孩子们在做功课时应该怎么做，不应该怎么做。

学校设有专门的展览室。家长们在这里可以熟知学生作业和他们亲手制作的直观教具。家长委员会还特意出版了一期《家庭与学校》的墙报。

10月末，学校各个班级都召开了“家长日”活动，许多父母都来了。当着孩子们的面儿，班主任和家长们讨论了学生们的成绩，也谈到了学生们在课堂上问答和书面作业时反映出的问题。六年级班主任M.A.雷萨克在活动日上详细地介绍了一位叫T.的女学生在家是怎样预习的，是如何在课堂上回答有关地理、历史、物理方面的问题的。比如，六年级在星期二和星期五有历史课，那位叫T.的女生按照课程表顺序复习功课，星期二（立刻在课后）和星期三马上浏览教科书上留下的习题，而星期四，她会使用能利用的材料去预习。多次的复习能使人增强记忆。

班主任通知说，教务会议是按班级分别制订课程表，学生应在当天把布置的家庭作业做完，尽管这时离下次上课时间还有两三天。在这几天里，学生还应该粗略浏览一下，并在下次上课前，再去最后复习一次。

班主任通知之后，孩子们回家了，家长们却留了下来。班主任与家长们继续座谈。他们共同列举了许多新的例子来述说学生正确与不正确的预习情况，班主任还特别提醒父母们应督促孩子按照预习时间表做完作业。做作业时，家里年长的人应当去检查，以便确保每一个学生的作业都是独立完成的。经验告诉我们，集体做家庭作业，特别是在做算术、代数、几何一类题时，往往会使孩子不动脑筋思考而是去机械地抄袭。老师以实例说明，往往两三个孩子在一起做作业，不但使学生成绩下滑，掌握功课的速度也较其他学生要慢些。

在这里，举一个例子说明。有位工人M.的家里，有两个女生都在七年级学习。其中一个女生叫玛丽娅，理解能力强，领会的速度快；而另一位女生叫娜杰日达，她需要花较长时间、较多的思考才能弄懂所学的东西。然而姐妹俩总是在一起做功课，就导致娜杰日达不去认真弄懂功课的内容，往往会去抄袭玛丽娅的作业。娜杰日达的代数、几何常常出现两分。这类情况也常常发生在父母帮助完成作业，或者以小组形式集体做作业的学生们身上。

老师们向一些父母们阐明，帮助学生的关键，不是代替他去完成作业，而是鼓励他独立地去做，尤其是让学生大声地朗读课文。大声朗读可以使学生了解自己究竟功课掌握到何种程度。

“家长日”活动之后，所有的老师、校长、教务主任便开始进行系统的（一周两次）家访，家访一般选择学生在家做家庭作业的时刻。老师首先到那些不会独立做作业和常常完不成作业的学生家里。老师到了学生家里之后，先检查学生独立做作业能力如何，看他有哪些困难，接着去帮助学生制订学习计划，以求使学生能认真地去完成每一次作业。

在这儿举一个例子，有一次这样的家访。

一位名叫K.的五年级学生，在第一学期里，俄语、历史、地理三门功课均得了最差的分数。父母不理解为什么儿子考试不及格，平常也是一连几个小时在做功课啊！女班主任B.A.斯科奇柯在访问K.学生之后，发现他在做功课时从来不检查自己学得如何。比如，他在读历史课本，总是长时间地坐在那里，从头到尾背个不停。女老师常常告诉学生应当怎样去学习：一开始先读一遍，弄懂课文的内容；然后再分几个部分，照着部分去讲述；最后再按照全部的内容去讲述；重要的历史日期要单独摘出来，并常常复述以便记忆。女老师还提醒父母要遵循老师的指示经常去检查儿子的家庭作业情况。

一个月后，学生K.在地理、历史和俄语课堂上对答如流，不满意的分数再也没有出现。

最难的一点，在于教会学生不仅去预习好第二天的课，也能学好当天的课程。学生们感到惊奇：假如该去预习好第二天的课，又怎样去做好当天布置的作业呢？为了改变学习方式，需要花几周的时间去适应。但最终是要让学生们做到放学后先休息一下，接着在规定的时间去做当天的作业。这一阶段目标就达到了。先去完成书面作业，然后是口头作业。学生们很快确信这样去完成作业，大大节省时间。凡是在课堂上讲的，仍记忆犹新，很容易记得住，再把剩余的时间都用在准备第二天的课上。

老师每周都要去访问两个家庭。二十五位老师在一周内就可以访问五十个家庭。这样，在两个半月内，我们就对全校的学生进行了家访，不仅探明了每个学生独立作业情况，而且还能进一步弄清家长们对学生的一致要求是什么。现在，家长们都怀有最大的兴趣对待我们的家访，并且乐意为提高学生的成绩去做一切努力。

上半年末，我们决定召开第二次家长会。像第一次一样，我们把这次会议称为“学术会议”。我们毫不夸张地说，鉴于家长们的思想水平和普遍的文化素质，使我们确信能够在现代教育科学要求的标准上做好家长的工作。在这些会议上，我们阐述了教学、教育工作相关问题，还宣传了巴甫洛夫学说①和马卡连柯②富有创造性的遗产。

几乎所有的家长都出席了第二次会议，我们费了好大劲儿才把他们安置在村俱乐部里。在校长的报告中，讲述了教师集体和家长们在提高学生独立学习能力方面作出的初步成绩。大多数家长已经知道家庭作业的完成要求，这样就使校长有可能把主要注意力转移到个别家长的一些问题上。

家长们在讨论报告的内容时，交流了在督促孩子做好家庭作业方面的经验。正如四年级学生Б.的父亲所说，自从他儿子独立做作业以来，学习成绩逐步好了起来。五年级学生Л.的母亲说，由于她严格地遵循学习制度，促使孩子养成埋头苦干精神和按时完成功课的习惯。

家长们在发言中，也对个别家长和教师提出了一些批评意见，如Ш.同志说，在职员М.的家里，不断地给孩子买礼物，以此去刺激孩子取得好成绩。在谈到教师时，家长们也指出某些教师布置的家庭作业太多、作业分配不平衡。

家长们在会上的发言，说明家长集体开始与教师达成了共同的目标。现在的家长们不仅仅对自己孩子的成绩操心，也对学校方方

① 巴甫洛夫学说：苏联生理学家巴甫洛夫于19世纪末创立的研究高级神经活动规律的理论，核心是条件反射学说。人的心理，一切智慧行为及随意活动，都是对信号的反应，都是在无条件反射的基础上形成的条件反射。——编者注

② 马卡连柯（1888～1939），苏联教育家、作家。曾任高级小学校长。主张学校应该培养有政治觉悟、有高度责任感和荣誉感、遵守纪律、朝气蓬勃的社会主义社会的成员；坚信人的可教育性，提出尊重与要求统一的教育原则。倡导结合劳动进行教育。著有《教育诗》《塔上旗》《论共产主义教育》等。——编者注

面面的工作予以关心了。

现在，我们面临的一个问题是必须安排专门的时间征求家长们对教育和孩子学习方面问题的建议。

在学年结束前，我们还召开了一次会议，探讨家庭的思想政治教育问题。在这次会议上，集体农庄庄员Ш.做了题为《我的家庭》的报告。他讲述了父母应当怎样教育孩子从幼年起就爱劳动、互相帮助，怎样让孩子了解自己在集体农庄的工作。报告深深地打动了家长们，引起热烈的讨论。所有与会者的思想都统一于一点，那就是父母们应该用自己的日常劳动、个人品行去做孩子们的榜样。

在学年结束前，我们并没有忘记还有一件重要的事情要做，那就是请家长们务必督促孩子们完成家庭作业。这时，教师去学生家进行家访，就无须像之前那样频繁了，因为家访已趋于正常了。

在学年总结时，我们发现学生们各科的成绩都有较大的提高。

由于家长集体的帮助，我们学校的综合教育情况也得到了改进。正是家长们帮助学校与机器拖拉机站、发电站、集体农庄建立了密切联系。物理老师们组织了一系列参观活动，在参观时，学生们能亲眼看见内燃机、发电机和各种农用机具。家长委员会还帮助我们去组织与农业生产先进工作者的会见。

在家长会上，我们还讨论过社会主义农业①对毕业生提出种种要求的问题。这类会议使我们的教师集体和家长集体更加紧密地联系在一起了。

① 社会主义农业，指未来职业发展。——编者注

就在本学年内，我们将继续去做巩固家长集体的工作，每个学季召开一次家长会，讨论有关教育孩子的主要问题；每月出一期家长委员会的墙报。征求家长们的意见已成为学校的传统。现在，每一位父亲和每一位母亲都会经常抽出时间去关注孩子，也更加重视对孩子的教育。父母们要不断地督促孩子们用正确的方法去完成家庭作业，一旦孩子们都能做到当天作业当天完成，那以后的复习也就轻松了，学生的劳动也就成为更有效的劳动了。

这一年，我们没有一个学生，在地理、物理、历史、自然、化学、文学、法制等学科中考试不及格。我们坚信，进一步做好家长工作，将会完全彻底地消灭学校的留级现象。

要教孩子学会思维
——与父母的座谈

不久前，我到基洛夫格勒旅行时，认识了一位年轻的铁路工人。他在小火车站上工作，那个地方甚至没有一所小学。他在学校里参加了家长会后就回家了。这位年轻父亲的那双忧伤的眼睛令我惊讶，他那眼神里流露出的忧郁和深藏在内心里的悲伤，早已令我思绪不宁。

他对我说：

我的儿子正在上三年级，生活在一个远房亲戚家里。如果您不只是一位老师，还是一位父亲，那您就会理解我了。对于一位父亲而言，难道还会有比听到老师的那句话更为痛苦的吗？老师说："您的儿子文静、守纪律、热爱劳动，但是……在智力方面表现不突出。学习能得三分，那就很好了。四分、五分的高分，对他是遥不可及的。”我理解老师的这个意思。别人家的孩子在课堂上能解出三四道题，而我的萨什卡一道也解不出来，甚至连习题是何含义也弄不明白。怎么回事呢？难道我的孩子发育有问题吗？请相信，我会奉献出我的半生精力使他成为一个聪明的人。

不容易，同一位父亲谈这类事情很不容易。对于喜爱孩子的父母来说，再没有什么比孩子更为珍贵的了。这是永恒的真理，因为人生的意义就在于能在下一代的身上再现自己，在更高的基础上再现自己；要使自己的孩子在智力、道德和美的发育方面，远比身为父母的我们所达到的水平高出一个更高的台阶。当然，谈此话题并非易事，但又应该去谈。

在当今，每一个公民的创造力普遍旺盛，个人的命运和幸福取决于自身智力的发展。当一个人感到自己在智力发展方面有残缺的时候，是一种极大的不幸。请您用心地去看一看那些倒在犯罪、违法道路上的少年吧，他们是些什么样的人呢？在他们中间有很多是不学无术之人，有些是由于各种原因造成缺乏智力财富的人，对那些人而言，什么人类积累的精神财富，通通被丢在一旁。

直到目前，在我们社会里，还有不学无术之人、学习上一知半解的人。因此，我们就不能使所有的社会成员都获得美满的精神幸福。而个人幸福，则是社会幸福的保证。有些父母在孩子遇到学习上的困难时，会感到极大的不安，这毫不奇怪。为什么一些人学习很优秀，而另一些人却好像命中注定超不过三分呢？难道这是命吗？为什么命运对一些人慷慨，而对另一些人就吝啬呢？要知道，我们现在才刚刚对青年人实行普遍的中等教育，应该认识到这件事在历史上本就是一件极其伟大而又不寻常的新鲜事。毫无例外，每个人都要接受中等教育。这就意味着他们为了能毕业，将来还要读完十年级，而且必须艰难地硬撑下去。

然而，这一问题又有其尖锐的一面，在于不仅要对父亲或者母亲的提问予以正确的回答，还要帮助他们去找到让孩子智力发展的途径，尽力去防止那些不良的、伤心的，有时甚至是悲惨的现象出现。一旦小公民丧失自信，不仅被抛弃于校外，而且还会把自己置于社会对立面，不断与社会发生冲突。

为了防止不幸降临人们的生活，不能只靠学校，父亲和母亲也是同老师一样的教育者，他们应当成为不亚于教师的人类智慧创造者。因为孩子的智力，在他们还没有问世的那个时候就已生根发芽，人类的培育往往在其诞生前就早已开始。

亲爱的父亲们、母亲们，你们都希望孩子聪明伶俐，希望人类的精神财富化作孩子个人的财富。可是，究竟是何原因导致实现不了这些愿望呢？又是何原因不能让孩子或成年人拥有很高的智慧呢？

原因有很多。人们应当从一开始就把视线停在源头上。归根结底，在于有的年轻母亲和父亲在对待创造下一代和新生命方面采取了一种不负责任的态度。

这里涉及遗传。智力的物质基础是大脑。这个基础恰恰是在母亲腹中形成的。特别是在孩子智力发育期，童年与童年的健康有一个可怕的敌人，这个敌人的名字就叫父母酗酒。酗酒者生下来的孩子，往往在其大脑半球皮层发育方面出现不同程度的偏差和异常。如若生下残疾儿，无须是酗酒成性者，只要是父亲或母亲曾有一次喝得烂醉就足够了。父母酗酒时，会给胎儿残留可怕的“酒精综合征”的痕迹。一般情况下，这些偏差和异常都将会在孩子的身上明显地反映出来。甚至可以说，孩子还未出世，就注定要影响智力发育；症状轻一些的孩子也会思维迟钝、记忆力薄弱。这些孩子终生都要承受父母的轻率行为给他们带来的痛苦后果。

为什么要说这个话题呢？很遗憾，因为我们这里就有由于父母的酗酒导致智力发育受到种种损伤的孩子。在我校某班有个少年，就是酒鬼的儿子。他是个不幸的人，无论用何种教育手段，都弥补不了父母对自己孩子犯下的罪过而造成的后果。这个少年费尽艰辛才学会写作文，到了五年级才第一次独立去解算三年级时该学会的、不复杂的习题；他刚学到的规则，两个小时后就一点儿也不理解了；读到习题的末尾，就不记得开头。记忆力差，在日常生活中人们就这样去形容智力发育的缺陷。究其根源，是脑半球皮层细胞深度硬结所致，所以来自周围世界的信息只能以缓慢的速度通向细胞，又不能像在正常细胞中那样进行加工。对此，任何治疗都是无济于事的，只有通过教师们耐心、细致的教育工作，才能在某种程度上使孩子的智力发育有所改进。不过，坦率地说，只有百分之一的教师具有做这样工作的能力。

尊敬的年轻的父母们，请您记住，孩子的健康和智力发育取决于您。您一定要记住，培育人绝非是简单的生物行为。人与动物的不同，就在于人的行为举止是有意识的，包括在孩子身上再现自己这一点。

孩子的智力发育，或多或少还取决于环境。只有身处环境之中，他才会迈出认识世界的第一步。

我们来谈谈人的环境，谈谈那些复杂而又多面的相互关系的环境。无疑，孩子是在环境中得以认识世界的，并把自己看作自然界中的一分子，如同那些有理性、有能力、有创造性的生物一样。

从孩子对事物具有初步意识起，父母就应该去注意其周围各种事物和现象之间的因果关系，目的在于引导孩子善于观察。善于观察、善于发现那些乍一看似乎没有什么特点的事物，形象地说，那些事物正是支撑思维的翅膀。理智、思想、思维的源头，就在其周围世界之中，在那些为人所感兴趣的、被人看见或意识到的事物之中。回想几万年前，在我们远古祖先的意识中，所燃起的最初的火花就是思维的火花。那时，我们的祖先一定是看到了某些奇怪而又不可理解的现象，而他们也一定想去弄明白这些现象的本质。

从久远的人类文明起源开始直到当今，周围世界，首先是自然界，就是人类极为丰富、取之不尽的思维源泉。才智，就是起初对一切事物的求知。每当您带着四岁大的小儿子去散步的时候，看见了森林，森林的后面是人工栽植的小树林，有松树、杉树、橡树、白蜡树。孩子自己不会发现森林和人工树林有什么区别。我们应当培养孩子的求知心，教他去观察。您要对儿子说：“看看这些高大的树和那些小树，它们有什么不同吗？”孩子不会立刻说出不同，但只要您去仔细观察一定会有所发现，可以看见从孩子的眼里迸发出欢乐的目光，他会说：“老树林里树没有成排、成行，而小树林则成排、成行！”

您问：“为什么会这样呢？”儿子就会去思考。他想去说明那些尚不明白的东西，但远不是他能做到的。即使他回答不了您的问题，即使是您说出了答案，那求知的火花也足以在儿童意识中迸发出来。您的儿子看到了他从未注意过的东西，但在您激发他的求知欲望之前，那些人工小树林为什么整齐排成行以及小树林是人工栽植的，他是不会意识到的。

当你们走进森林时，眼前会出现橡树和白蜡树的粗壮树干。这时，孩子本人也会看到：在那些树干上长有绿色的苔藓，而且不知为何它只朝着一面——背向太阳的一面。“为什么这样呢？”儿子会问。他还没有积累足够的知识去解释这类奇异的现象。大自然的又一个秘密被发现，这令他惊讶不已。当你们走进森林深处时，一个男孩会大声激动地说：“爱——琴——海！”从森林的远处传来回声，这回声在山谷里回响，渐渐消逝在远方，对此那孩子又会问：“这是怎么回事呀？”

是啊，孩子认识世界之路开始了！您要利用一点一滴的空闲时间去帮助孩子在这条路上一步一步走下去。和他一起走进田野、走进森林、走到池塘岸边。即使在那不引人注目的、长满灌木丛的山沟里，也会藏有令人惊叹的东西，只要您善于发现它，就会把它展现在孩子面前。当孩子感受到那些惊讶、惊奇、令他难忘的时刻，正是他求知思维升腾的时刻。

在那一瞬间，孩子的头脑里会涌现出一种惊人的东西，即在思维细胞之间产生出极其精细的相互关联的纤维。周围世界在孩子面前展现出的事物和现象越多，他所看到的不理解、神秘的东西就越多。为什么夏天的太阳总是高高地悬挂在空中，而在冬天就低下去了呢？为什么高大的橡树上结出的是小小的橡实，而在小小的细茎上却能生长出大大的西瓜和南瓜呢？为什么会有闪电和雷鸣？为什么在冬季，一些鸟会飞到暖和的地方，而另外一些鸟却留在我们这里过冬？孩子在那无与伦比的旅行中，时刻会提出成千上万个类似的问题。孩子提出的问题越多，走进学校后就越聪明，眼睛就更明亮，记忆力也就更敏捷。您要成为自己孩子智慧的培育者，要教他学会思维！

没有惩罚的教育

民警给基洛夫格勒儿童收容所送去一个十四岁大的少年。好动而又机灵的他，据查，读五年级已是第三个年头了。现在他从家里跑了出来……他反反复复地说着一句话：“我决不回家，我也不上学！”

儿童收容所要求学校给这个男孩出个鉴定，校长立刻就答应了。鉴定书大致如下：学生费多尔·斯是个不可救药、坏透顶的流氓、无赖，侮辱老师，又是个游手好闲的笨人。据查，在费多尔离家出走之前，他就曾在课堂上胡闹，学猫叫、学狗叫；在去火车站的路上，他曾卸下农村消费合作社商店里的玻璃，从橱窗里拿走一个背包、两个手电筒和几节干电池。“此种犯罪行为必须受到严惩，这样的学生决不能留在正常的学校里。”校长十分严厉地做了自己鉴定的结语。

至于费多尔的命运，我们还会再谈。现在请父母们，无论您是工人或医生，是教师还是工程师，是党务工作者还是经济工作者，以及那些青年人——明天的父亲和母亲，让我们都来思考这个问题吧：为什么现在还存在无人监管的孩子呢？社会的这种反常的现象从何而来？其实，这种现象的危害不仅仅在于现象的本身，更在于会使少年们走入道德扭曲的生活里。童年时期无人照管，就会给他的人生埋下结出恶果的种子。

在我国，彻底地去消除儿童无人照管和儿童违法乱纪的根源是完全可能的，并且终有一日会彻底地消除这种灾难。

儿童无人照管和违法乱纪的主要原因，我坚信正是家庭和学校的教育素质低下所致。这一点，该是父母和教师深刻反省的时候了，无论是没有家庭的学校，还是没有学校的家庭，都不能胜任培养人这一最细致而又最复杂的任务。然而现在的情况是，家庭与学校在培养人方面各行其是。

有许多父母根本不知如何正确地培养青少年，如何形成他们的性格、观点和习惯，以及在形成的过程中包含什么内容。无疑，父母们无不希望自己的孩子成长为好人、忠实的劳动者、有益于社会的人。但不幸的是，并非所有的父母都能做到这一点。

我们通过实践证明：孩子本身就是对成年人一种巨大的教育力量。事实上，在有孩子的家庭里，无一不是教育者去展现可能形成道德情操、品德高尚、精神财富、密切的人际关系的一个好基地。如果在学校的帮助下，能在年轻的家庭里打下家庭和学校教育高度统一的教育素养牢固基础的话，孩子就有可能创造出奇迹。比如，他不允许父亲成为酒鬼，制止父母说粗话、吵架等。所以我想，这就是为什么把教会父母怎么培养孩子看作教师的一个最重要的任务之所在。

经常开展活动的家长学校，在我们学校里已经工作十五年了。它分几个班，第一班是为没有孩子的年轻夫妇设立的；第二班是为即将进入一年级的学前儿童的父母而设立的；以及为不同年龄段学生的父母而设立的专业班。

孩子在校学习十年，而他的父母要在自己的课堂里学习十三年，无论是父亲或是母亲，毫无例外都要参加。如果父母中的一位不能参加听课时，一定要得到校长或班主任的允许才行。

每个班每月两堂课，每次一个半小时。由学校校长、教导主任、优秀教师进行授课。总之，我以校长的身份做这项工作时，认为这是学校领导所有职务中最需要、最重要的一件工作。

可能有人会问：假如学校里有七个家长班，而且每个月活动两次，那么老师们岂不只能忙于与父母们进行谈话了吗？不，我们并不感到负担过重，因为我们摆脱了许多不必要的、学校里广为存在的那种与家长交流的形式。我们不去家里见孩子，而他们的父亲和母亲会亲自来找我们。

在上课时，老师们尽力详细地去阐述如何正确培养孩子、青少年及其重要意义。不是去高呼口号和空喊号召。可惜，有时家长会议作用不大。对此，向父亲们和母亲们提出几条中肯的建议。

比方说，在给新婚夫妇（未来的父母）上课时，应当主要去谈谈夫妻相互关系的素养，谈谈人要善于控制自己的欲望，同时也要使自己的欲望与他人的欲望相适应、相协调。如果仔细分析日常生活中那些被称为幸福与不幸、顺利与不顺，以及两人（后来就是家庭集体）所共同创造的精神财富，所有这一切，都基于人际关系的素养之上。我们既要去保护人们生活的隐私，也要去轻轻触及心灵中的最为神秘的、最为隐秘的角落。恰好，这也是吸引年轻父亲和年轻母亲的地方。顺便说说，他们大都是我们从前的学生。

列夫·托尔斯泰曾写过："孩子的诞生就为父母造就出一个特殊的'脆弱区'。"我们力求尽可能鲜明地向父亲们和母亲们指明，他们要面对孩子"脆弱"的这一点；我们相信，他们在生活中培育孩子的每一步，都会在孩子的身上留下一点一滴的属于自己的智慧、道德和精神的痕迹。

我们在同即将入学孩子的父母们讲课时，要教他们怎么去培养孩子的智力、语言能力，怎么培养情感，还要设专题讲《父亲与儿子》《母亲与女儿》《家庭是人际关系的学校》《孩子道德素养的初步标准》等课题。

家庭教育最重要的一环，就是孩子的劳动锻炼。在这里，不由得想起国民教育中的一条金科玉律：孩子从学会拿勺吃饭开始，就应教他劳动。我们的学生在家庭里劳动，应视为人际关系素养的基础。在这里要指出，劳动思想对一个人而言，对其幸福和成功而言，就是一条贯穿始终的红线。

我们要同父亲和母亲一起，力求做到使孩子、少年人从他们有意识的生活起，直到成年后，想到去为人们创造点儿什么。在孩子七岁时，也就是即将上一年级的时候，每个孩子必须在自己的庭院里为母亲栽一棵苹果树，待成熟时，亲手从树上摘下果子献给母亲。

如果一个孩子在世界上生活了十一二年，回首他的童年，看不到自己劳动生活的最初成果，那他就不会以满足的心情对自己说："这片为人们休息的小树林是我栽的，这株葡萄是我为大家种的。"那么，孩子所受的这种教育就是有缺陷的。

多年的经验令我确信，这条极为重要的教育规律是正确的，那就是凡是使为人民、为社会的劳动成为儿童和少年欢乐的源泉的地方，那里就完全没有惩罚。因为那里根本就不需要惩罚，甚至不会产生需要惩罚的问题。既然没有惩罚的必要，也就意味着没有破坏纪律者和破坏生产秩序的人。

是的，我肯定地说："我校学生不知什么是惩罚。"首先，因为对创造的渴望，为人们做好事成了他们童年欢乐的源泉。我们在少先队里、班级里对孩子不仅不采用集体的"严厉斥责"，更没有抽皮带、打后脑勺儿以及其他在家庭里已经绝迹的惩罚。

如果连这一点所谓的成就都没有，就很难想象家庭和学校教育本身具备的基本教育素养。列宁说过，革命的成果只有靠学校才能巩固。是啊！没有惩罚的教育，这不只是小小的学校所能办到的事。这涉及社会在人的意识、行为、相互关系方面细腻而又复杂的范畴中，而且是对共产主义社会改造的一个极其重要的问题。

我们可能还会常常听到这样的议论：为了永久地消除犯罪，需要惩治得更残酷些、更严厉些。这是不对的！假如在童年、少年、青年早期没有惩罚，更确切地说，没有惩罚的需要了，那么才不会有犯罪。

在我们谈话开始时，我讲过一个离家出走的小男孩费多尔。那时就已得知，他在学校和家里的生活成了真正的地狱。这个孩子，即使经过刻苦努力，也不能完成学业，可是老师们却没完没了地在学生手册里对家长写道：“你们的儿子不愿学习，请你们采取措施……”“他表现很不好，请采取措施。”从而引来父亲和母亲对小男孩一顿顿暴打。他恨透了学校和自己的家，接着便故意不去完成作业，故意违反纪律……

所有人都应该记住：如果一个孩子经历过与惩罚有关联的震荡，那么在他内心深处，那种人的本性所赋予的自我教育的内在力量就会减弱。对他们惩罚越多，就越残酷，自我教育就会越来越少。

惩罚，尤其是在其正当性被怀疑时（大部分家庭冲突中表现出的现象都是这样），会使人的心灵变得冷酷，随之产生出怨恨和更加残酷无情的表现。一个在童年遭受惩罚的人，到了少年时代，他就不惧怕警察局少儿室、法庭和劳教所。

比起其他任何一种灾难，教师最为担心的是孩子心灵上的粗鲁、道德上的厚颜无耻以及对善和美感受的迟钝。这种不幸，同样会在家庭里、在童年早期时代被反映出来。如要预防这种现象发生，只能求助于文化教育的最重要基地——学校。

当然，确有一些令人非常苦恼的家庭。但是，我在学校里工作不止一个十年了，并未遇到过习性不改的父母，也没有遇到心灵里留不住善良火花的人。要将这种火花变成明亮的火炬，则是教师们极为艰巨却又十分崇高的任务。

时代对正在成长的一代人如何进行共产主义教育提出了尖锐而迫切的任务，家庭和学校教育，若没有高度统一的教育素养，是不可能成功地解决这一问题的。

谈谈家长的教育素养

语言的魅力

无论我们的学前教育机构有多出色，塑造幼儿智慧和思想最主要的“大师”，仍是母亲和父亲。引导孩子走进成熟和成年人智慧世界的家长集体，就是儿童思维的基地，是在这个年龄段里任何人不能替代的。学者们在托儿所和幼儿园里进行观察，令人信服地再次证明：同一年龄段（三四岁）的儿童，如果只有孩子之间长期交往，失去长辈们那些系统的精神影响，他们的思维发展就会迟缓下来。只有每天都能与母亲和父亲、奶奶和爷爷、兄弟姐妹交往，才能确保儿童思维发展的优秀环境。当然，我并不否认学前教育机构对幼儿赋予的巨大教育影响。但是，决不应把对儿童的全面教育和部分的智慧教育的责任完全推给它们。

今天，我们的社会已发展到这样一个时期，即所有居民，特别是父母们的教育素养，成为每个公民履行其社会责任的前提之一，而这个责任首先包含对年轻一代的教育。所以，必须去关注提高父母的教育素养，特别是影响儿童全面发展方面的素养。比如，在我校，要为几年后才去上学的那些孩子的母亲们和父亲们成立家长学校。

我们的教师集体坚信：对教师和父母而言，没有比关怀孩子的思维形成和发展更为重要的工作了。的确如此！比如，为什么有的孩子上学表现机灵、观察力敏锐，能迅速理解老师讲述的东西，而另外一些孩子却思维迟缓，课堂听讲理解吃力、记忆力很差。为了弄懂这些问题，在没有建立家长学校之前，形象地说，我们就是摸着石头过河的盲人。

学长学校里每一门课都有一个课题。比如《解剖生理学特征》《神经系统》《生理和心理发育》《儿童的精神生活》。培养父母教育素养的主要形式就是讲座，用生动而又令人信服的事例去讲述，由校长、副校长、优秀教师担任主讲。

我们力求使家长们知道自己在培育儿童精神生活各个细微范畴方面的责任。

记得在一次上课时，为了使父母们更好地弄懂环境对孩子智慧形成的作用，我给他们讲了一个故事。

在几百年以前，印度有一个国王，叫阿克巴尔，他要去检验一下圣人们所说的那句话是否是真谛。圣人们说：“无论孩子处于什么样的环境，即使无人去教他们祖先使用的语言，印度人的儿子自己就会说祖先的话，中国人的儿子就会说中国话。”遵国王御旨把三十个不同民族，尚在吃奶年龄的孩子，安置在完全与外界环境隔离的房子里，由几个被割去舌头的仆人照料这些孩子，再由不准说话的阉人把食品从小窗口递进去。孩子们所住的那间从来听不到人说话声的房间的钥匙，由统治者把它挂在自己胸前。

七年过去了。有一次，国王在圣人们的陪同下打开了门。然而他们听到的不是人的声音，时而是嚎叫声，时而是猫叫声……此时此景，那些至高聪明的圣人们的脸丢得一干二净。

从科学的观点看，这个实验（如果可以把这种残暴行为称之为实验的话）可被视为是“成功的”。阿克巴尔的实验证实了一个道理：对于孩子而言，人类的环境在其生命早期有多么重要。就在当今，众所周知，有十多例野兽（狮、虎、狼）养育孩子的事件。由于种种偶然情况，孩子落入兽群中，并在兽群中生长了几年。这类“野”孩子由于幸运又回到了人间。他们大多是在十至十七岁。学者们用了许多年的时间教这些孩子说话，但是他们付出的努力都是徒劳的。有的“野”孩子在一年之内只能说上两三句话。他们之中没有一个人可以称为是人类社会完全合格的成员，正是因为他们在野兽环境待的时间，恰是孩子对外界影响最为敏锐的时期。从两岁至七岁，是一个人发育最重要的时期。在这一时期，孩子不知不觉出自本能从周围环境获取很多知识、技能和习惯，这些都在孩子的心理上奠定了基础。思维和说话、掌握语言、表达自己的情感和对周围世界的态度的能力，都是在这一时期形成的。孩子不断感受到许许多多新信息的作用，大大地刺激了他的求知欲望不断增长。长大后，求知欲将会变成用理性渴望知识的一种追求。

兽类，不具有人所特有的那种心理因素，兽类生活靠本能指使。那些生活在兽类中间的孩子们，正处于对外界刺激的敏锐期，可他们的大脑半球皮层细胞始终保留在本能的原始状态，这种状态终生都不会改变。

不了解这些真谛和其他知识，就谈不上家长的教育素养。母亲和父亲教育者的身份，无论是谁，在何种情况下都是无法替代的。我对未来学生的父亲和母亲说："你们生下了孩子，要记住，在他能用自己的眼睛去看五彩缤纷的花朵或玩具时，在他听到树叶沙沙作响、蜜蜂嗡嗡叫时，就该去培养他的智慧。人在这一时期，投入到孩子意识中的心力有多少，将来就决定他入学时有多少智慧和聪明。由于有些父母对这种'教育'漠不关心，其后果就是最聪明、最有经验的教师也无能为力……"

在培养家长教育素养时，我们力求做到有一定的系统化和连续性，除建议保证孩子健康的劳动制度和休息、儿童的多方面活动外，还要特别注意对孩子进行精神上的培育。尤其是我们在对孩子进行感情培养方面，也提出了一些具体的建议。我着重指出，这是培养智力财富重要的基础之一。感情是通往周围世界的窗口，通过它，儿童就可以认识外部世界的一切。我们力求使儿童的这些窗口都是洁净的、透彻而明亮的。

感情记忆，在童年早期用感性认识世界时起着巨大的作用。很多事实证明，在童年早期深深感受到的某些形象及其他的美，孩子们会终生牢记。上了学，那些聪明伶俐、求知欲强的孩子，记忆里会储存许多通过感性认识而获得的形象。在提高家长教育素养的同时，我们也不断完善自己的素养，因为在教育中一切都是关联着的。

瞧，我曾被一年级小学生尤拉·M所讲的给人印象深刻而又富有艺术性的故事所感动。他描述了初春的清泉，屋顶融化的滴滴雪水在“打穿”雪毯……我再一次地确信，成年人抽出时间，尽可能领着孩子走进美的世界有多么重要。一定要让孩子们看看小花的绽放、蜜蜂怎么采蜜以及那仿佛是神话中巧夺天工雕出来的雪花。让孩子们着迷地去看晨雾中展露的城市和乡村吧，去看那彩虹般神奇变幻和那欢唱的田野里金色的麦浪吧……

观察力、注意力、求知欲，这些素质在很大程度上决定了学生的智力发展和学习成绩。我们通过对学前孩子的多年观察得出一个结论：求知欲、对知识的追求，并非天然所赋予，而是在童年早期培养出来的。

带有感性认识的情感财富，同样是孩子语言发展的独特财富基础。

非常遗憾，我遇见了那些甚至是二三年级的学生，连“黎明”这个词都不能激起他们的任何理解和情感，更不会给他们本人带来任何感情色彩。为什么会这样呢？因为这些孩子从未亲眼见过黑夜是怎么逝去，白昼又是怎样来临。那些从孩子们“头脑里飞出来”的词，往往是在他们需要时才会去找。思维不清晰、语言不准确、没有连贯性、口齿不清，这就是典型的智力发育不全的特征。他们的记忆在两岁至七岁不会表现出鲜明的形象，那么在孩子的意识中那些没有刻印至深的词，就会像淡淡的一簇闪光，转瞬即逝，一闪而过。

大概每一位教师都会思考这样一个问题：为什么一些学生有很强的记忆力，而另外一些学生则“一只耳朵进，另一只耳朵出”？在观察学龄前孩子智力发展时，我们发现一条重要的规律，那就是学生记忆力的程度如何，在很大程度上取决于童年早期进入孩子意识中的词汇，其鲜明度和情感色彩到什么程度。

学龄前孩子的五百个发现

我在给孩子们讲春天森林万物复苏时，总要在孩子们的脑海中绘制出这样一幅图景：看啊，那柔嫩的雪花莲小茎正从去年落下来的树叶层下钻出，开着小花的蓝色风铃草好奇地望着解冻后的蓝色湖水……我看到，在有些学生的眼里燃起了兴趣、好奇的生动火花，按捺不住的他们，自己也讲起同样如画的风景故事。然而，在另外一些学生的眼里，虽然也在专注地听着，却流露出一种无所谓的眼神。要做好这类学生的工作是很难的。他们须花费很大力气、付出莫大的艰辛才能记住我的讲解。在他们的情感记忆中没有那根可以抓住不放的，并借以培养他们记忆力、求知欲和观察力的“救命稻草”。

在家长学校的课堂上，我们一一做了讲述。我们去分析周围的环境，使父母们的注意力都倾注到那些可以激发语言情感色彩的来源上。比如，离村子不远的地方有一片阔叶林，林子里有几处清凉的林中泉。在那块特别的小空地上，虽是2月，被太阳照暖的土地开始苏醒，雪堆之间，雪花莲正在返青；阔叶林里有一片“铃兰旷地”，很多年前我们就开始这样称呼它。老师们领着孩子们到这里来，不仅是为了欣赏大自然，而且要教孩子们学会思考。阔叶林里有许多春天前都不落叶的橡树，整个冬天都挺立在雪花覆盖着的树丛中间，里面的树叶五颜六色，仿佛是魔术师刻意去装点出深红色、黄色、橘红色的树叶来。林中有个偏僻的角落，很久以前有只狐狸在那里筑窝生活……还有那灌木丛生的峡谷。乍一看，这里似乎没有什么令人感兴趣的东西，但仔细看去，里面不知有多少引人入胜的、给我们的语言增添感情色彩的活生生的源泉啊！谷底有一潭清泉，即使寒冷的冬季也不冻结；草原上处处生长着丁香花。在校园里，孩子们还能看到当地少有的松树、云杉和花楸！我们建议家长们领着孩子到那用语言激发情感美的源头上去，让孩子尽可能地提出更多的问题。我们相信，父母们是有教育才能的，他们之中许多人都是教育天才。父母的语言、父母的生活智慧，应是国民教育取之不尽的源泉。只要您善意地走进这个源泉，并给它带去科学知识，枯燥的教育理论就会变得丰富多彩、生动活泼。

把年长一辈，尤其是那种充满崇高精神的母爱和父爱的生活智慧传给小孩子的过程，是无可替代，也是人为创造不出来的。每当我们不得不对那些恶劣的事例（可惜生活中并不少见）进行分析时，都会认为家庭中所建立出来的人的环境的规律性，是更可信赖的。

学校从孩子五岁起就对这些未来的小学生进行系统教育。每周进行一至两次，孩子们要在规定的日子到学校，由未来的一年级老师向他们进行教育工作，主要的目的是发展孩子的思维。在天气晴朗时，让孩子们到森林、果园、田野里去。正如我们对父母们所讲的那样，让孩子们到思维和语言的源泉。在接触大自然时，我们力求使孩子去看、去思考那些乍一看似乎没有什么关系，但实际却有密切关系的事物，这对发展他们的观察力、求知欲具有特殊意义。求知欲和观察力是儿童思维发展的重要前提。

在教师领导下，每次去接触大自然都会有独特的发现，儿童的思维会触及那些不易被察觉的、不引人注目的秘密。一年之内，孩子们会有五百多个“发现”，下面是他们发现的一部分。

比如，我们周围的一切，皆为有生命和无生命的万物；水、阳光和热，是生命不可缺少的条件；植物是由种子生出来的，它生长、成熟，为了延续后代而结果；水有三种状态：液态、固态和气态；植物的成长和发育，往往由于人们向大地施矿物肥和有机肥而使其生长更加茂盛；地球的表层土壤是生物的基地，植物通过它才能生存……这些“发现”都可能是源于感性认识的鲜明结果。正是在这些“发现”的过程中，语言才获得了情感色彩，并形成对事物的第一概念，如生物和非生物的概念。

在这期间，我们已经发现了个别孩子在智力发育方面（在这个年龄不大明显，长大后会越来越明显）存在某些异常，比如某些学龄前孩子，并非像大多数孩子那样对发现秘密感到惊奇，他们对发现秘密报以冷漠的态度。殊不知，“惊奇”形象地说是思维的兴奋。

我们对那些淡漠的孩子及他们的家庭环境，做了深入的研究，结果常常证明导致智力呆滞的原因，就是病弱、情感意识的局限性和缺乏影响孩子思维兴奋的鲜明形象。弄清这些缺点之后，我们便开始进行深入的个别教育，其目的之一便是去激发其感性认识的积极性，促进语言感性色彩的形成。我们坦率地对父母们说："如果您对孩子不进行系统的、持续的教育工作，那么您的孩子就会以迟钝的智力水平上学，其后果必然是学习很差。"

六至七岁是对孩子进行更加系统化教育的时期。如同去年一样，为了孩子的思维发展，组织他们去接触大自然。此外，还要教孩子们阅读，方法是把阅读与游戏紧密结合起来。等到孩子们入学时，他们已能掌握初步的阅读技巧，这样做有利于学生在校时进行内容丰富的、多方面的发展思维的工作。

第三章

对待孩子：要小心！

谈谈父母的权威

某些父母认为，孩子们听话的程度，是由他们的意识水平决定的。一旦孩子长大了，开始明白要听父母的话了，那时再教他养成遵守纪律的习惯就容易了。于是，这些父母对学龄前的孩子采取了完全自由放任的态度。

在工人居民区里住着一位职工，名叫彼得·阿法纳西耶维奇，他家里有三个孩子，一个男孩和两个女孩。家里经济条件很富裕，父母对孩子们的任何要求从不拒绝，尤其对儿子更是如此。他在上学前，习惯了父母对他的任何要求都唯命是从。午饭时，当母亲往他的儿童专用盘子里倒汤时，他便任性地问：

“为什么把汤倒在我这个盘子里，我要您倒在那个深盘子里！”

母亲只好把汤倒进深盘子里。

“咳，等他长大了，就会懂得听爸爸妈妈的话了。”每当孩子随心所欲地提出新要求时，母亲总是这样说，父亲也是如此去想。

父母常常给儿子维佳买些儿童图书，可他却经常撕下书页，用它来叠鸽子、飞机。父亲有时试图制止他这样做，可他却使出了自己的“武器”——耍脾气，又哭又闹。于是母亲走到儿子跟前，当着面儿开始数落父亲：“他就要上学了，开始读书后，他就会爱惜图书了。为什么要禁止他做乐意干的事儿呢?！等他长大了，就会变好的。”

在维佳上学时，父亲说应该在上学前两个小时叫醒他，可是母亲总是舍不得那么早叫醒儿子。于是维佳上学总是急急忙忙，不是把书本、作业本落在了家里，就是常常迟到。在休假日，儿子维佳常常睡到11点。他起得很晚，还常常懒洋洋地、无精打采地躺在床上翻来覆去。在听到父亲责怪母亲，说她如何娇惯儿子任性时，他对父亲的话满不在意，因为他知道母亲总会护着他，而父亲最终还是会向母亲让步。孩子看到母亲和父亲对他的要求意见不一，这样一来，有的话他就可以不听，无论做什么事都有人去保护他。其结果呢，孩子当然去听符合他心愿的那些话。

如您所见，彼得家的孩子们，从小就没受过要求、听从的教育。维佳的父母知道他们在儿子身上有做父母的权利，也知道使用这个权利就可以在孩子身上实现自己的要求。但是，他们自己放弃了这个权利，认为孩子懂事了，就会听父母的话，此前不必对孩子提出过多的苛求。这类父母的观点，证明了他们不理解培养孩子遵守纪律的途径，也忘记了自己身为父母的权利和义务。

在有孩子的家庭里，就应该实施父母的权利。父母的权利必须以在国家面前负有教育子女的义务为前提。我们理解中父母的权利是什么呢？父母的权利，就是法律赋予父母有管教自己子女的权利，也有根据自己具体家庭的生活条件提出要求的权利。这种权利受法律制约，只有这样，父母才能行使教育子女的责任。

有些父母认为，孩子从幼儿时期起不必懂得服从的必要性，以后他们自然就会服从，这种看法其实是错误的。事实上，有些事情恰恰相反。孩子们服从、听话的习惯，是从童年早期开始养成，而后渐渐反映到自己的意识里，此时他们才真正懂得必须服从的道理。如果孩子在实践中确认他的任性可行，那在他身上势必会发生不堪设想的后果。孩子习惯任性、不听话，久而久之，就会习惯成自然了。

为了让孩子懂得父母权利的正确理念，就必须把这些理念同让孩子们听话的习惯密切结合起来。孩子们在实践中会获得听话的经验和服从的经验。

父母的权利，只有在他们的要求是旨在去培养未来公民的条件下，才能正确地实施。从教育观点来看，父母的要求首要的是必须合乎情理。当孩子们长大成人后，懂得这些要求的合理性，就会对父母的这类教导怀有感激之情。

有些父母认为，他们对孩子实施的权利，主要表现在实施禁止的方式上。但这是不对的。如果孩子听到的只是禁止，就会束缚他，使他变得胆小、消极。其实，父母的要求不仅反映在不准做什么上，最主要的是要去唤醒孩子去做那些良好的事情上。

多年来，我们曾对集体农庄工作队长依万的家庭在教育孩子方面做过观察。这家的父母培养了五个孩子：两个已从我校毕业，上了大学，有三个还在我校上学。孩子们在家、在学校表现都很出色，纪律严明。父母成功的奥秘在哪里呢？就在于父母对子女的要求意见一致、行动统一，他们不用禁止的方式，多半是采用唤醒孩子们去积极参与活动的方式。父母都有意识地力求把自己的要求变成他们“应该”去做，而避免用“不行”这个词。

一般来说，只有在孩子开始去做某种不对的事时，才去说“禁止”这句话。父母的权利，主要表现在鼓励孩子去做某些良好的事情上，而不表现在“制止”上。如此，即使父母偶尔使用禁止方式，也容易被孩子接受和采纳。这是毋庸置疑的。如果孩子学会与养成去做那些该做的事情的习惯，就不大容易再去做那些不该做的事情。

依万和妻子从不抱怨孩子任性，孩子们也不调皮捣蛋；在对待同一件事情上，父母从未向孩子们提出过两种相反的要求。他们明白，任何一种矛盾和冲突，都会使孩子心灵中产生出一种困惑，然后则是一种不顺从。因此，父母总是彼此去让步，必要时，他们也善于向子女们让步。

对孩子严格要求，并不意味着让他们唯唯诺诺、一味盲从，父母应该善于去识别孩子的思想和情感以及他们的愿望。有时，也可以允许孩子们去做并不完全符合父母意愿的事情，这种允许只是由于孩子的愿望太强烈，直接禁止会给他带来沉重的感受。有时，让孩子体验一下自己的愿望是错误的做法，也是有益的。

这里讲一个有趣的故事。事情发生在依万家，他的儿子格里沙十二岁了。与别的孩子有点儿不同的是，格里沙性格略偏内向，有一些“秘密”不愿告知自己的兄弟姐妹。

有一次，父母发现格里沙和同学常到荒野里一个破旧的棚子里去。“他们到那儿干什么呢？”父母注意到这一点，但他们没有直接问格里沙。他们知道，如果有某种重大事情，孩子会来找他们的。父母的做法是对的。有一次，正当父亲准备下地干活儿时，格里沙走到父亲跟前，问道：“请允许我今天晚上在棚子里过夜吧。”

“为什么？”父亲惊奇地问。

儿子于是讲述，他和同学们组织了一次“游击队”游戏，“游击队司令部”就设在那个旧棚子里。今夜，所有的“指挥官”都应该到齐。父亲并不喜欢这种游戏，但是当他看到格里沙对这个游戏是那么迷恋，不由得引起他的深思。他想到要是用绝对禁止的做法，去破坏孩子的这种情感，那将是一个愚蠢的错误。再者说，格里沙并没有自作主张，而是去征求父亲的意见，坦率地揭开自己的“秘密”，足以证明儿子是深深信任并尊重父亲的，对此绝不能采取无视的态度。同时，父亲也考虑到只有一个不眠之夜，不会影响到孩子的健康，于是他决定让格里沙跟同学们一起去，并坚信他们会体会到这种游戏有过分之处。结果出来了，发生的事情不出父亲所料，孩子们在那天夜间游戏时发生了许多不愉快的事情。他们还不习惯熬夜不睡，一个个都急着想躺到床上去，很快就各自回家了。就在这次游戏之后，孩子们各个回归了正常轨道，而格里沙也对父亲更加信赖了。

这个事件说明什么呢？它说明父母在实施自己的权利时，必须细心谨慎地对待孩子的内心世界。每一对父母都应当知道、感受到这种权利的极限在哪里，大人们不能贸然干预孩子们的“隐秘世界”。每个孩子都可能有自己的隐私，这多半与游戏、同学、友谊一类有关。大人们对孩子隐私干预得越少，孩子的“秘密”也就越少，他们对大人也就越坦率。

有些父母常常给孩子定出条条框框。比如说，可以和哪些孩子交朋友，不可以和哪些孩子交朋友。这是不正确的。父母的责任不在于“禁止”或“允许”和谁交朋友，而在于委婉地去帮助孩子正确地建立友谊。孩子越大，其私生活的世界就越宽，父母直接干预的范围就越有限。幼小的儿童能天真地对父母讲出自己的所有秘密，然而到了青少年时期，再让孩子打开自己的隐私世界就会越难，他们对父母直接干预的企图也会更敏感。

这就需要父母彻底改变自己的态度，尊重青少年的个性，并承认他们有无可争辩的隐私权利。这样一来，无论孩子长到多大，父母与子女之间都不会疏远。

父母的权威取决于诸多条件，其中最必需而又最重要的条件，就是要正确地、巧妙地使用父母的权利。父母的权利，不只是一种权利，而且也是一种艺术。

精神上坐享其成从何而来

每一次，一谈到青少年犯罪的话题，无论是论文还是演讲，都把学校当作首位的过错方。

至于那些青少年是些什么样的人？他们来自什么样的家庭？有多少人是在没有父亲的情况下成长的，又有多少人是在没有母亲的情况下成长的？他们的文化程度如何？诸如此类问题却很少有人提及。

文学家们常常责难教育科学院，说那些科学家们不利用丰富的资料去研究难以管教的青少年教育问题。据他们说，科学院拥有成千上万个有经验的教育专家，拥有加工资料的高速计算机……教育方面受到了责难，包括其教育理论与教育实践。

由于我没有掌握全国范围的统计资料，所以仅依据我所了解的资料谈点儿看法。

我教了三十年的书。有上千名学生在我的眼皮底下长大成人，结了婚、生了孩子，又把孩子送到了学校。在多年工作之中，我曾碰见二百七十名难以管教的少年。这些人，都是在给孩子的心灵带来创伤的家庭里成长起来的，在其童年时代就已丧失任何神圣的信念，只知道那些他们本不该知道的东西。在二百七十名孩子中，有一百八十九人是没有父亲、只有母亲的孩子；有七十七个孩子的家庭已破裂；只有四个孩子的家庭，乍一看正常（有母亲，也有父亲，但是假如我道出关于家庭的实情，未必有人听后不忧心忡忡）。

这已不是泛泛之谈，而是在统计数字了。二百七十名学生中的每个人，我都建立了一张卡片，卡片上记载着我认为了解一个人所必需的所有资料。在我三十年的教育实践所积累的资料中写了些什么呢？在写那些难管教的少年时，首先都是些没有父亲、不知幸福家庭的孩子，他们在童年时代就受到这样一种思想毒害，认为他们是偶然来到这个世上，他们本身就是对母亲错误的一种报复。在孩子心灵中有一种难以用语言来表达的悲痛，那就是感觉自己是个没有父亲、没人看得起的孩子。这些孩子从咿呀学语、刚刚有意识生活起，就听到母亲诉苦的声音："你就是对我的惩罚，让人诅咒你出生的那一天吧！"

有时，我去翻阅那些都已发黄的笔记本，仿佛一个个少年人又走到我的眼前；对着老师恶狠狠地大发脾气，对别人温和的话语也近乎病态般地去理解，他们所做的一切都是与老师反其道而行。

富有人性、待人诚恳、感觉敏锐、富有同情心，是在道德上反对邪恶的一种抵抗力。这种抵抗力，只有在一个人的幼年时期走进一所好学校、一所人际关系真正和谐的学校才能获得，而一个好的家庭，只有在父母是怀有两颗相爱着的心结婚的情况下，才能成为这样的学校。

爱他人只有用爱去培育，如同火焰只有用火去点燃一样。

我记得有个十二岁大的孩子，名叫科利亚。当我讲到关于卓娅的英雄事迹时，在这个男孩的眼里，产生出一道恶意的目光。他说：

“这不是真的。”

“你为什么这样想呢？”

“因为大家都在骗人，因为世界上一般没有真理可言。优美的语言都是为写作而臆造出来的。”科利亚仿佛身背巨大的沉重包袱，一边气喘吁吁，一边小声说着……

这个小男孩承受了何等过重的苦难，才导致他对真理、善良、人性丧失到那种程度啊！这个孩子是生活在欺诈、伪善、谎言的恶劣环境里。他的母亲曾三次被骗，爱过三个男人，没有一个成为她的丈夫，她生了三个儿子。她每天都对孩子们说：“你们不要相信任何人，什么都别信。只要能骗，你们就去骗，谁骗得好，谁就有本事……”她本人就教孩子们欺骗、伪善、偷盗。

在我们学校，班级记事簿上“父亲姓名”一栏被取消了。之所以取消，是因为在每一个班上都有这样一些孩子，当您向他们提到有关父亲的问题时，就好像往他们伤口上撒盐一样。我们不向孩子们打听他们父亲在哪儿工作，了解这件事只能通过别的渠道，我们必须牢记这一点。

在我国有多少这样的孩子呀？社会舆论要求出生证上用空格线代替父亲名字的法规已经实施十多年了，因为此种法规违背了正常的理念和我们道德的准则。

在最近一期的《文学报》上，发表了民警中校弗·契万诺夫与该报特派记者叶夫根·鲍加特一次非常有趣的谈话。有经验、阅历丰富的契万诺夫历经长年的艰苦劳动，很好地掌握了洞察犯罪分子的细微情感和心境的技能。他认为，犯罪分子之所以会犯罪，就是因为犯了做人的过错。是的，一个人在任何情况下都应该去做个好人。面对错综复杂的环境，如果犯错，找任何借口都不能减轻个人的过错。但是，论断的真实性是有限的。假如把犯罪看作具有深远根源的一种现象，那就另当别论了。既然我国还存在着犯罪分子，那就意味着，在某些人之间的社会道德、精神、伦理的关系方面就不会一切顺利。

谈到违反道德的过错，首当其冲指向学校应负有责任，人们将其视为常事，社会舆论，尤其是父母们也在混淆视听。许多父母断言，既然所有的过错都在学校，那就意味着学校应该拥有某种手段，借助于这种手段，就可以解决道德教育的一切问题。假如老师能够运用这些手段，或者真正着手办这件事，那么一切就都会好的。既然学校能够解决所有的——或者几乎所有的问题，那么在教育孩子方面，家庭自然就不必起重大作用——就在当今，有些家长还这么认为。

不难想象，这种见解会带来何等悲惨的后果，而且有些已经应验了。许多父母，尤其那些年轻的父母认为，他们的事情就是生孩子，把孩子送到人间了事。至于教育，就让社会管吧。社会教育的概念，事实上，现在仅仅指的是学校；社会对年轻一代的关怀，在很多人看来，也不包括家庭。实际上，家庭的稳固，是最重要的一个社会问题。这个问题的解决与否，将决定青少年的道德面貌如何。应该让每个人都深深地懂得：他面对社会的责任、为社会服务的主要点，就是对自己孩子的培养。孩子的第一个教育者，也是最主要的教育者；第一个老师，也是最主要的老师，就是母亲和父亲。在中学时期，就应该向未来的母亲和父亲传授教育学知识。教育学应该成为人人懂得的科学。也许有人认为，我的说法有些夸张，但我想，不研究教育学的基本知识，年轻公民就不该有权组建家庭。

社会教育，是家庭与学校的教育结合。人要有一种精神，就是要在人身上再现自己，在自己的子女身上完善自己——这是公民的一种崇高创作。

应该通过一项法律明确父母对子女的教育责任。根据这条法律之严格规定，如果孩子各方面都健康的话，父母是无权将其交由其他任何人教育的。如果父母放弃教育孩子们的权利和责任，这表明他们自己是有道德缺陷的人。他们的孩子就应交由社会教育，这个社会教育之地就是儿童之家。

近几年来，关于社会主义和共产主义社会里的社会教育本质，产生了不正确的、片面的观念，那就是一味索取、坐享其成的风气。这种风气深深地侵入到学校的教育工作中，甚至也侵入到少先队和共青团的组织生活中。

这正如弗·契万诺夫在《关于犯罪与惩治的对话》一文中所说，那就是“精神上的坐享其成”。仔细探讨此种现象是怎么产生的，这引起了我的兴趣。

刚一到夏天，共青团区委就开始张罗：喂，老师们，您想想怎么才能让高年级学生过好暑假啊？您看，就连一位整个夏天都该休息的五十岁女教师，也被派去那个所谓的业余青年劳动休息夏令营。夏令营里干活儿的事儿少之又少，而闲散的人又很多。即使闲散也得有人照料，装出一副文化休闲的样子……

一位校长却下了决心，在整个夏天，把十七岁大的小伙子们派到拖拉机工作组和大田工作队去。小伙子们到田地里高兴极了，感受到了什么是真正的工作。可是共青团区委却发出不愉快话语：怎么能这样，光是干活儿，没有集体活动、没有墙报、没有有组织的晨练，不好吧？

如果让孩子在青少年时期，一切都坐享其成，那么能培养出勇敢、坚强的人吗？能锻炼出共产主义战士吗？不久前，在我们区的一个小村子里，发生了一件令人啼笑皆非的事。集体农庄俱乐部旁有个排球场，球网的柱子坏了，倒下了。几个二十来岁大的小伙子，给区报写信反映说：真不像话，对我们年轻人太不关心了。区报把意见转给了区委书记。为避免不愉快发生，区委书记派了集体农庄的几名老工人，把两根旧杆挖出来，换了两根新柱子。然后，还给编辑部写了书面答复：“采取措施，事已完成。”

有些人的确相信多建运动场和跳舞场、多放台球桌，就可以减少青年人的犯罪事件。此种想法是天真幼稚的。每个青年男女都应该有自己崇高的生活目标以及丰富的精神需求。图书就应成为最主要的需求。为什么有的少年，每天晚上无所事事呢？为什么总是在寻找消磨时间的地方呢？为什么需要我们帮助他寻找如何消磨时间的方法呢？是因为他们从小就习惯由别人忙着照顾他、讨好他、逗他乐、围着他转。所以，一种指望别人供养的坐享其成的思想浸透着少年人的心灵。“人们都应该为我办事，应该围着我转……”为什么这个少年每天都要从家里出来，漫无目的不知去向何方——是去文化宫、去青年咖啡馆，还是去打台球呢？为什么他就不愿意在家里读读书呢？为什么他总要往外跑，而不愿意待在家里呢？为什么少年、青年不挽着母亲的手去戏院、俱乐部呢？这一切都是由于不到位的社会教育，实际上也包括家庭教育不好而带来的后果。

谈到精神上坐享其成的根源，绝不能忘记它们之中那些最为危险的东西，即那种欺骗的环境，还有更致命的、半真半假的环境。

当一个孩子还未长成大人的时候，会感觉人们对他总瞒着什么，不把话说到明处。于是，他开始怀疑、苦恼，然后就去想：既然这样，那就让别人替我解决一切吧，替我去做任何难以抉择的事情吧，让他们替我去承担责任吧……

既然我们在日常生活实践中，在各种社会活动中，会犯下各种各样的错误，那就绝不应该把过错全推到学校身上。

难管教的孩子

哎呀！那些难管教的孩子们啊！他们给老师、父母以及整个社会带来多少沉思、忧虑和苦恼啊！就在不久以前，有一种时兴的说法：“没有不好的学生，只有不好的老师。”所以稳妥起见，将“难管教”一词永远加上引号，似乎这样就安全了。但此事远非那么简单。

然而，回避对“难管教”一词的解释，学校、父母以及社会就轻松了吗？难管教的孩子是有的，无论到哪里都避免不了。这类小孩子，由于种种原因，使我们看到他们身上存在着智慧、情感、道德发展方面不正常的现象，存在许多反常。

三十年来的教育工作，使我了解、研究了七十多个难管教的孩子。他们之中每个人都有自己独特的、深藏的东西，又都有自己的根源、特征和接受教育的历程。

大概不止一位教师为这种情况担忧过：班上所有孩子都注意听讲，立刻去做习题，唯独别佳一点儿也做不出来。看来每个学校里都有类似的孩子。由于成绩不好、落后，最后因诸多原因留级，便给这些孩子持久地贴上一个标签——难管教的孩子。校长责怪教师教得不好，教师责怪孩子不注意听讲、不埋头苦学、懒惰。

为了克服所有的缺点，老师力求最大限度地加重课上和课下作业，还给别佳留下额外的作业，但都收效甚微，反而使别佳厌恶学习了。他学会欺骗老师、父母，还学会抄别人的作业，即使自己可以独立去做的也要去抄。

别佳渐渐成了一个十足的懒汉，有时又是一个道德败坏的人。老师遇到不幸，他反倒高兴，想方设法给老师加点儿痛苦、伤心和苦恼之事。记得在读四年级时的一节算术公开课上，教师玛丽娅·彼得罗夫娜想在旁人面前彰显全班学生的长进，便让学生一个个出来展示，轮到了别佳，老师向他提出一个很容易的问题。

“把十分成两等份，是几？”

再看别佳，他因为数次测验得两分而恼羞不已，决定故意不给女老师留面子。

“是二。”他毫不犹豫地回答。

老师压住怒火，还是用温和的口气问：“你在说什么呀？别佳，这不是戏言，是在上课。你说说，十分成两等份，是多少？”

“二二得四。”别佳的回答引起班里同学一片笑声。

怎么样？智力发育受到的损伤，都有可能以道德方式表现出来。在学校里遇见过多少个像这样难管教的孩子啊，又给家长和老师们带来多少烦恼啊！亲爱的年长的同志们，您自己放在别佳的位置上想一想，如果有人每一天，日复一日，月月年年都向您说“你这也不成，那也落后，别人能做到的而你就不行”这类话，您会是何种心情呢?

有一次，基洛夫格勒州儿童收容所所长说：“我们收到学校递来的一份学生鉴定，这个学生从家里跑出去四次。校长是怎样写的呢？该生在四年级已第三个年头了，成绩差得很。之前在三年级也学了两年，对老师态度粗野无礼。当老师叫到他时，他总是以骂人的语气回答，难道像这样的无赖还能留在学校吗？”

我真想在这份鉴定书上写段批语，并把它寄给那位校长：“若是让您在一年级蹲班三年，您不只会骂人，还会像狼一样嚎叫吧。”

学校教师和校长所犯的一个最大的过错，在于他们不极力去寻找孩子难管教的原因。教师应该像医生那样，仔细地探寻病人的身体情况，找出病因，以便给予治疗。如果您是一位真正的教师，那您就应该深刻、仔细、耐心地去研究，去查明孩子智力、情感、道德发展的情况。难道我们能够允许一个人道主义的医生去对病人说“您的病很重，我不能治您的病了”？可是，在我们的教师当中，又有多少人每天给孩子这样一种感觉，甚至残酷地直接说：“你没有希望了。”教育的真正意义在于，即使一个人能力处处不如人，也不让他感到自己无能；应当让他感到人具有一种高尚的欢乐——认识的欢乐、智力劳动的欢乐和创造的欢乐。

由于教育工作多年的实践和对孩子的智力劳动、多方面精神生活的研究，使我产生了一个坚定的信念：孩子之所以难管教、成绩不佳、落后，根本原因在教育，在于孩子幼年时期所处的环境。也就是说，孩子在一岁至八岁期间没有获得思维发展所需的那些至关重要的东西。

在学校里有一件令人感到特别沉重的事，就是老师不了解孩子头脑里发生的情况，不知道为什么孩子竭尽全部智慧也不能弄懂、学会科学的深奥理论，随之变得绝望。

凡是与孩子打交道的人，尤其是我们教师、父母们，都应该懂得、认识到自己工作中那些重要的常识。孩子生下来时，其神经系统发育并未完成，它的发育延续到十七八岁，甚至更长时间。不过最复杂、最深刻的过程是从一岁至七八岁，人际关系对孩子的生活初期起着决定性作用，最终使一个软弱无力的幼儿逐渐成长为一个人。

众所周知，有三十二例孩子从小被狼、虎、狮子或其他动物喂养大的事件，经科学证实，后来回到人类社会的那些“野孩子”，没有一个被成功地培养成人。这个可悲的事实，再一次证明了童年期的智力教育有多重要。

为什么别的孩子能理解习题并解答出来，唯独别佳不能完成呢？是他的脑子不如别的孩子吗？不是的，别佳的脑子和别的孩子一样，里面也有思维物质，有数十亿个神经细胞，那么问题究竟出在哪里呢？

在于环境，由于孩子生活初期所处的环境没有激发他的大脑，并没有赋予孩子在幼儿时期的神经系统去获取一切东西的能力。所以，要使拥有数十亿神经细胞的人发育成聪明的、有求知欲的人，就该随着人的诞生去不断经受人际关系的影响。

思维是从“为什么”这一问题开始的。孩子在周围世界会看到许多感到惊奇的现象。比如，蜜蜂飞到开花的苹果树丛中，然后又飞走，飞到哪里，为什么？一只小鸟在树上筑巢，而另一只却在屋檐下搭窝，为什么？晚上的草原一片灰蒙蒙，而到了早上却如同覆盖了丰厚绒毛的白地毯，为什么？太阳落山了，星星却在空中闪烁，这又是为什么？无止境的求知欲、好奇和寻根问底的精神，并非是人脑中天生固有的，而是一个人从别人那里获取的。这就是人际关系重要之所在，对小孩子的正常发育尤为重要。我们成年人回答孩子们的提问越多，孩子们的好奇心就越大，发现周围事物的东西就越多，随之激起孩子们对事物的惊奇、惊讶、欢乐就越多。

在孩子们的头脑里，瞬间就会创造出许多惊人的东西；思维物质基础在工作，无数个神经细胞进行着一种繁杂的生化过程，神经元将变成思维器官。如果不去训练，神经元就似乎处于沉睡状态，其发育就会停止，也就不会再有哪种可塑性和灵活性可言。没有这些，其精神状态也就停留在原始的水平上。倘若儿童没有那种生动而又好奇的思维，他的心理发育时机也就白白地错过了。

自从孩子生下来，对其智慧、思维的教育越晚，孩子就越会变得守旧，难以教育。这可是智力教育的一条真谛。太可惜了，竟然有些老师把它忘记，而许多父母一般也都不知晓！在一些父母脑海中，直到现在还流传着一种极为错误的见解：认为孩子在入学前，其意识如一块白板，不必让他认识字母，也不该教他去看书。对孩子们提出的问题，很多大人们只会回答：“等你上了学就会知道。”

孩子们的求知欲就这样被压下去了。

至于别佳的情况呢？就没有某些人际关系触碰过他的大脑吗？父亲和母亲要上班，别佳由奶奶负责照管。奶奶是一个善良的人，但她对孩子的关心，只限于去满足孩子本能的需要，如按时吃饭、睡觉、洗澡、换衣服等。奶奶也不给孩子讲些什么，也不给孩子看些什么，因为奶奶的视力不太好。别佳与社会上的孩子们没有交往，他只能独自一个人玩儿。他的眼睛也曾看到许多美丽有趣的事物，如啄木鸟在枝头跳来跳去、黄蜂不辞辛苦在劳作、苹果树上时而飞来一只美丽的小鸟——黄鹂、蓝蓝的天空中有一只云雀在唱歌……千千万万个画面在他眼前一闪而过，却一点儿也没有存留在他的记忆里。孩子已两岁半时还不知道周围许多东西的名称。

秋天过去了，冬天到来，再去看，我们会发现别佳的世界更加狭小了。有一间宽敞、温暖的房间，铺着地毯，任凭他走啊、跳啊，一点儿障碍都没有，碰不到硬物件，不会摔倒。从早到夜，都是由奶奶来照管，备有丰盛可口的食品，还有许多玩具。可是，不知怎么了，孩子一下子就把玩具弄坏了。五岁时，别佳才被允许到外面与其他孩子们玩儿。可那些孩子第一眼就看出他许多奇怪的现象，如别佳不懂得什么是游戏。捉迷藏时，其他孩子藏起来，他找不着，就坐在草地上大声哭叫；假如发现了一个人，他就抓人家的头发，或者用拳头捶打人家。

孩子们都不跟他玩儿了，可他并不特别难受。他走到灌木丛下坐着，折了一根小树枝敲打着地面，或在那里揪着树叶玩儿。孩子们很惊讶地注意到，别佳已经快六岁了，数数都数不到五。

这就是别佳的过去，他犹如“植物”那般活着。但是，不要以为别佳智力不行、落后。只有那些了解儿童头脑里的思维是如何产生的、记忆力是如何巩固和发展的人，才懂得别佳的智力绝对正常，只是他的智力发育过程被削弱了而已。

如果别佳幸运地碰上一位聪明而又懂儿童心理学的老师，事情就完全变样了。这位老师会把低年级班级活动变成别佳的“思维学校”。老师经常要和学生们一起去田野、去森林、去河边。老师要在他们面前揭开大自然的面貌，去唤醒孩子们昏睡的大脑。这时，学生们也开始学习思考，会提出许多问题，他们的求知欲就会逐渐得到发展和巩固。

凡是孩子学习的地方，特别在一年级至三年级时，应当让难管教的孩子们和大家一起上课。这样做，难管教的孩子们的智力发育就会渐渐赶上来。最重要的一点，就是使那些孩子永远不感到自己无能，不会觉得自己是有缺陷的人。

有些教师和学校领导认为，只要给那些困难生多补习一些资料，就可以把他们“拉”回来，这是大错特错的。不要去逼迫孩子坐下来，不停地去读书，而是要培养他们的智慧，多动脑子、巩固智力、教他们学会思考，这才是家长们、教师们任何时候都不该忘记的一点。对于那些上学以前从早到晚都待在幼儿园里的孩子，能有一位聪明而又富有知识的老师尤为重要。

谈论“难管教的孩子”的话题，是既庞大而又困难的。实际上，它是个最复杂的教育问题。如果以冷淡的态度去对待，其后果必将是付出沉重的代价。

对待孩子：要小心！
——致《皮带教育》一信的作者

读者，首先是我们这些身为教师的读者，在读到A.布连科娃的信后，会说："这不过是个别事例而已。难道基于这一点，就能下结论、提出问题吗？如果信中谈到的那些人，知道自己有错，并感到羞愧，那还不够吗？……"

是的，不够。无论我们的学校有多少位善于洞察青少年心智的优秀教师，我们也没有任何权利去忽视那种不文明的、对孩子冷漠的态度，尽管这些事例是个别的现象。

对父母们那些绝望求救，也意味着是孩子们发出"怎么办"的呼叫，无论如何不能置之不理。要知道，这个问题不只是在这十几封信中出现，而是在数百封信中反复重述。

有些人，仅仅把学校看作一座储备所需知识的宝库。每天，学生来到这里，都是为了从这座宝库里索取点点滴滴的财富，索取得越少，学业就越差；获取少的人，就成为不可救药的人。

我们不该忘记，我们所倡导的是“一切为了人”，人是最大的财富。学校的使命则更为复杂艰巨。教师就是站在人类摇篮旁的那个人。每个人都应被视为社会最宝贵的财富，社会又把每个人委托给我们。我们是否理解这一点呢？

有一次，我到一所学校的教学楼去办事。那座楼是新建的，很漂亮；有教研室、明亮的走廊，沐浴室边就是体操房。但不知是哪个学生不小心把墨汁涂在了墙板上，校长、行政副校长和值勤人员齐聚有污点的墙板旁，一个个忙着去擦呀、刮呀。而此刻，在校门口处有两个六年级学生没有上课，在那里玩球。不是玩儿一小会儿，而有玩儿了一个小时，似乎校长、老师们都没有看见。怎么会发生这种情况呢？难道老师们去擦墙板上的污点就那么重要，以至于对学校里的学生不去上课而在玩球视而不见，能这样吗？

您会看到，学校为了避免出一个坏学生，不知要付出多少努力啊！他们为此去苦想冥思、不惜付出全部体力和精力，竭尽一切所能，才能做到。要知道，每一个孩子，毫无例外都是一个完整的世界。这个世界未被开发、未被研究，在等待教师去开发。我们要把这个世界提高到具有自我意识和自我完善的高度。

也许我在回答什么是教育的问题时，有悖于科学的准确性，但依我之见，教育就是要使人变得高尚，需要不断地、细致耐心地、不拒艰苦而又欢乐地从事这份工作。

教育者的真正目的，就在于教育出来的人尊重自己、珍惜自己的品德。如果一个孩子不尊重自己，就将大祸临头了。

这里，摘取该书信中的一个片段。

一个男孩极力不惊动自己的母亲，夜里悄悄地起床，打开作业本，改了上面的分数……倘若他去抹掉两分，只因得两分让他感到羞愧，这还并不太可怕。糟糕的是，小男孩从学校回来，冷漠地把书包一扔，自问自答："今天得多少分？""您自己看吧！"更有甚者，撕破作业本。老师问他："往哪儿给你打分呀？"他回答："您就打在我额头上吧！"

一个生活在人类集体中的人，承认自己——"我"是这个集体里的一员，并愿做个好人，也希望别人承认他是个好人。那么，我们的使命就是设法使他的愿望能实现。

请您理解，悲剧也会在孩子心灵中发生。比如：别人写字漂漂亮亮，而我总是出错；别人解题轻轻松松，而我为什么就"解不出来"；别人是好学生，而我就是不好的学生，今天不好，明天也不好……童年的思维能力还不足以理解为什么他原本跟别的同学一样，而偏偏他突然成了不好的学生。他感到害羞，可后来又不害羞了，习惯了与别人不一样。在孩子心中自然产生一种念头：不可能全是好学生，有好的也该有不好的嘛。于是，他的心变得冷酷、僵硬。我不知道，在学校里还有什么是比这更悲惨的事情了。

在教育的神秘角落里，我们应该善用智慧和善良。如果在处理孩子带来的种种麻烦且不易解决的时候，就带来皮带，正如A.布连科娃所写，那么悲剧就会更为加重。

直到现在，尽管有些家长还在相信，皮带要比好言好语更有力；说学校是使人变得高尚的地方，却不能完完全全代替家庭。但是，我们还是应该不遗余力地去揭露对“皮带教育”的那种盲目崇拜，应该用毫不客气的方式去杜绝在家庭中使用这种手段。

然而，A.布连科娃的话是对的。不幸之处就在于某些教师在“理论”上与一些父母有相似的地方。假如我知道，我的学生万尼亚的父亲，老天爷只赐予他一种生孩子的本能；假如有那么一天，我把这位“聪明”的父亲叫到学校，对他说：“您的万尼亚是个懒汉，不愿学习。”其结果一定会是这样：我身为老师自然不能亲自动手去打，但我却借助父亲之手去打了孩子，于是我成了帮凶。

我目睹了许多人，自认为是知识分子。他们认为有的孩子就该打，一味宠惯孩子，就不能培养他适应生活的能力。有此看法并不奇怪。但是，皮带惩罚，不仅会打掉孩子的自尊心，而且会摧残他们的心灵，使他们滋生出最恶劣的品质，如怯懦、仇恨、虚伪等。只有那些没有挨过巴掌、没被打过后脑勺儿的孩子，才会成为毫不妥协地同“恶”进行斗争的人。

十五年前，有一位小姑娘到学校来找我。她叫芳塔婕尔卡，她写作童话的才能惊艳了我们。有一次，在课间休息时，奥莉娅——大家都这样称呼小姑娘——跑到我跟前，我看到她眼里充满恐惧。她说：“彼佳给格里沙……一棍子。”似乎在她的字典里还没有“打”这个词。

她不知道一个人怎么可以去打另一个人，可见她的童年是在幸福中度过的。那么，是否可以说，这个女孩子没见过这样殴打人，就意味着她无知、思想不成熟呢？其实事情并非如此。说来，就在某一天，她曾看到一个流氓手举尖刀刺向一名妇女，当时就有一位十九岁大的女大学生，冲上去夺下了尖刀。她自己虽然受伤了，却救了别人免于灾难。

皮带割断了成年人和孩子们的精神联系，也使父母们、老师们的所有教育努力付诸东流。那么究竟用什么去代替皮带呢？如果在孩子处于儿童阶段时，可以用暴力手段，棒打成才的话，到了少年还需鞭策吗？须知，如果儿童遭到皮带教育，他会变得不惧怕体罚，苦口良言也听不进，其结果，父母的威信、权威就将一无是处，以后孩子也只能变得我行我素了。

某些教师由于教育素养低下，不善于使情感服从于理智，便动用精神上的“皮带”，对此现象决不能容忍。

要尊重孩子，不能凌辱，不能动用“强力”“震慑”的体罚手段，如大声呵斥、敲桌子、威胁等。

这并非是提倡宽容一切，似乎一提到“尊重”“有同情心”“热诚”这些词时，有人就感到是在说教。我认为那种“强力”手段是与真正教育不相容的。当然，在孩子面前要提出我们的一些要求。一旦孩子由于不相信自己的力量，而做教师的人，也跟着认为这个学生很差和不中用，那么这无疑就等同于在沙漠里游泳、划船了。

学校并非是知识宝库，而是智慧之灯。所有的学生不可能具有同样的才能。因此，学校的任务就是培养孩子们的才能。

在学习方面，本该给学生带去生活的欢乐、求知的快乐，如果给孩子带去的是不舒适和恐惧感，那这能令人平静吗？孩子在学习上之所以感到不舒适和恐惧，是因为今天也好，明天也罢，天天都感到自己是个坏学生。至今，我还存有这样一封信。信中写道：

我的小女儿学习成绩总不及格，两分，两分，都得两分。回家时，情绪总是忧郁。有一次夜里，我醒了，听到她在哭。“你怎么啦，乖女儿？”她说一句：“妈妈，咱们搬到没有学校的地方去吧！”……

学习的田地是提高人的地方，意味着任何时候我们都不该忘记，是在同那些思想尚未成熟的孩子打交道。是啊，有的孩子就像奔流的河水，而有的则愚笨迟钝。请您不要急于下断语，不要把孩子看成笨蛋，不要随意给低年级学生打两分——这是“鞭子”和“棍棒”，不要砍断孩子想做好学生的希望之根。

我校在低年级教学有一项规定：在孩子完成某一项作业没有达到满意时，不要去打分数，要对他说：“你再做一做，你肯定能做出来的……”于是，孩子在“愿做好学生”的愿望鼓舞下，就会竭尽全力去做作业。这正是上面所谈的，是一切真正要求之开端。他人虽小，却会鼓足一切力量，这种力量在孩子心中会源源不断地迸发出来——再上一个新台阶。他会从学校快快乐乐地回家，在做美梦时也会看到自己在腾飞，而不会再偷偷起床，去涂改作业本上的分数了。我们挽救的屈辱、堕落中的孩子不止一个，其方法既不是去打两分，也不是诉诸“强力”的措施。

无疑，这并不意味着可以让学生带着两分从一个年级升到另一个年级。这样做也是一种极为残酷的冷漠。我赞成要去唤醒孩子的自尊心。如果孩子有了这种自尊心，他就会用教师提出的要求约束自己。

学校，是世界上发生最复杂的人际关系仅有的地方。之所以复杂，是因为在学校里正进行着伟大的、艰难的、欢乐的，而又是折磨人的、创造人的工作。

教育之道，就在于用创造者的目光能亲眼看见自己所教育出来的人。

要爱护孩子心灵的纯洁

“善生育出来的是善，恶生育出来的是恶”[①]，这是教育、生活教育和社会成员间日常关系中一条最重要的规律。但在生活中，有时会遇到一些事情，初看是很难用某种规律来解释清楚的。在某一所学校里就曾发生过这样一件事。

在一所农村学校，四年级的一个班里有二十四名学生。一位女老师开玩笑地说：“我对自己的学生了如指掌。每当他们走进教室，看一看他们的眼睛，就能看出他们之中今天谁学会了功课，谁没有学会，谁得‘优’，谁得‘中等’。”

班里有几个男孩和女孩，解算习题既迅速又准确。有个天赋出众

① 这句话与我国流传的“种瓜得瓜，种豆得豆”“善有善报，恶有恶报”极为相似。——译者注

的男孩，名叫米沙，是女老师引以为傲的学生。他甚至无须记下算题的已知条件，只要听上一遍，通过心算，就能解答出来。无疑，米沙得的是“优”。同学们和老师都称赞他在解算习题方面的出色才能。米沙听到这些话自然有些得意。

在班里还有一个学生，名叫尼古拉，他解算习题也做得不错，就是算起来有些慢。有时他得四分，但大多数情况下，女老师只给三分，原因在于他解算得太慢。

不过有一天，一件意外的事情发生了。女老师口述一道复杂算题，把尼古拉叫到黑板跟前。谁料他从容不迫地、清晰透彻地讲述了算题的已知条件，立刻把算题用口述一一解答出来。全班同学一听，就像着了魔似的，各个目瞪口呆。四个学年以来，女老师第一次给尼古拉打了五分。

突然间，教室里传出呜咽声。学生们一下子都惊讶不已。原来是米沙趴在书桌上哭了起来。女老师顿时明白是什么在米沙的心里作怪，是忌妒在撕扯着他的心，令他苦恼，使他不能容忍如今班上有个与他并列的算术优等生。

这些惴惴不安的思绪，搅得女老师不得安宁。她忧心忡忡地前来找我商量。我们思索了很久：米沙这孩子心灵中可怕的恶念是怎样产生的呢？要知道，孩子都是处在善的氛围之中，老师的评分也都是公平的啊！

但是，尽管如此，恶并没有放过孩子，悄悄潜入到孩子的心灵里。这件非同寻常的事，令我反复思索，最后得出一个结论：恶有时神不知鬼不觉，很难觉察出来，仿佛它并不存在；可事实上，它和毁坏、摧残心灵的气氛，一直在包围着孩子。

隐蔽的危险究竟在何处？怎样才能保护孩子的心灵不受这种危险的侵袭呢？打个比方，如果在一块沃土上不去栽种葡萄、不用汗水去浇灌土地，那上面就会长满杂草，虽说谁也不曾播种过草的种子。人的心灵也是这样。应当在孩子童年和少年时期除恶扬善。尽管没有任何人去教他作恶，但只要不教他行善、不爱护孩子心灵的纯洁，就足以使道德畸形的现象在孩子身上发育成熟。恶的种子是那么细微、难以察觉。有时，当恶的种子扎下深根，到冒出头来，那时教师才醒悟过来。我的教育体系一大特点，就是为了不让任何一粒恶的种子掉落在孩子的沃土上，一定要坚持不懈地爱护孩子的心灵纯洁。

那种恶草是怎样滋生的，它又是如何落入孩子心灵中去的呢？要爱护孩子心灵的纯洁应当从何做起呢？

1.要防止心灵空虚，防止一个人心灵上没有任何神圣的、毫不动摇的信念。

心灵空虚是最可怕的一种恶，只要对他人漠不关心，对他人如何生活不感兴趣，无须任何有害的环境，就足以在儿童和少年的心灵里形成这种邪恶。心灵空虚的人，丧失了一种最为宝贵的幸福——行善的幸福和用自己的心灵力量与恶做斗争的幸福。犹如被蒙上了双眼在大地上行走，既看不到自己身上的善良，也感受不到自己有尊严。要爱护孩子的心灵，就意味着要去关注如何在孩子的心灵里树立坚定的、神圣的信念。对孩子来说，这种信念就像自己的生命、荣誉、良心那样无比珍贵；也如同平安是福；像家庭中的幸福和抚爱那样也是无比珍贵的。

为了保护孩子的心灵纯洁，就应当在他们的心灵中树立一些神圣的东西，这些神圣的东西是指：相信善，相信人是善的创造者。他创造善不仅是为了他自己，也是在为他人。相信人的最大幸福，就在于为他人去创造善。相信劳动伟大而又具有神奇的力量，相信人用劳动能创造出自身的美。

相信自己，要善于看到自己身上的善良和智慧，能体察到为自我劳动的成就而感到骄傲，体察到用自身的劳动为他人创造幸福而感到自豪。

相信我们的理想、我们的道德、我们的现在和未来的伟大真理。要感觉自己不是命运旋涡中微不足道的尘埃，而是具有巨大创造力的人。

在孩子心灵里确立这些不可动摇的、珍贵的信念，绝不限于停留在这些最珍贵信念的漂亮词句上。真正的思想教育，是把思想体现于活动、行为和斗争之中。思想只有把个性、个人兴趣、愿望、追求和意向融为一体时，才会成为儿童心灵中最珍贵的信念。为了使孩子心灵中没有恶之地，就应该用自己的行为举止去确立善。

因此，孩子的行为举止与道德内涵在教育工作中具有巨大的实际意义。我认为，要让孩子用自己的行为举止去肯定自己，在自己的行为中看到自己的思想激动和心灵激情。在儿童的心灵中树立善的信念，看似简单，实则是教育中最为复杂的事情。倘若在育人这一范畴，您获得了一定的成就，就可以坚定地认为您的学生永远不会步入摇摆不定之路。然而，为使孩子确立善的信念，就应力求让他看到用自己的力量创造出来的善，并使自己的心留在为他人所创造的善之中。

只有在孩子所创造出来的善中，反映出他的本性、他的个性，孩子对善的信念才会成为他心中最为珍贵的东西。我认为教育工作最终的目的，就在于使受教育者在良心的驱使下创造善；宛如一个极度口渴的人，路过清凉的泉水就想畅饮一样，受教育者不能不去创造善。

2.防止对他人冷酷无情，防止从中滋生出最毒的利己主义的毒果——“一切任我所为；我只做我喜欢的事；只要对我好就行，至于他人之事与我无关。”

人是最奇妙、最复杂、最美的，而又是我们周围一切事物中最不可思议的。要认识世界，同时使自己高尚起来，首先要去认识奇迹中最奇妙的东西——人。当一个人举起自己的拳头，去对付同样朝气蓬勃，有思维又有着复杂、独特的精神世界的人的时候，这一罪过的最大悲剧就在于犯罪者没有意识到他是在向什么举手，没有意识到什么是人。对学生来说，怎样才能达到使自己，包括他的思想、感情和内心世界所有财富在内，成为世界上最宝贵的东西呢?出于多年的教育工作经验，我认为，从事教育的年代，首先应是认识人的年代。在孩子周围的世界里，首先他应该认识的是人。无论孩子认识多少人，他总会在人身上不断地发现新的，每一次都是新的、美丽的、非凡的东西，总会让他对那些伟大的、奇异的东西感到惊奇。必须使认识人的过程贯穿于学校生活、学生与周围人们的相互关系之中，这一点，正是保护孩子心灵免遭邪恶之关键所在。

要想让孩子认识而又轻微触及他的心智，需要具备巨大的教育艺术和教育知识。我极力想使孩子们在对待他人的态度上，做到热诚、有分寸，认真尊重他人精神世界里最细腻的思想、愿望和情感，并使这些成为其最重要且基本的行为。我力求在孩子的集体里营造情感细腻、待人热诚、有分寸的相互关系。在童年早期，很重要的一点，就是应当在孩子们的意识里确立这样的思想：每个人，不管是幼儿，还是成年人和垂暮之年的老人，都有享受幸福的权利。尊重人，则意味着防止粗暴地去触及他人最敏感、最疼痛的地方。

如何在实践中去培养孩子具有这些细微的精神品质呢？一个孩子从幼小年龄时起，就应该对那些影响精神世界的最细腻、最温柔的教育手段具有敏锐的感觉，而语言、美、情感的记忆，就是这样的教育手段。孩子的心灵对语言应该极为敏感，仿佛如同感应纤细的琴弦对同一音域的音叉发声那样敏感。语言——是保护孩子的心灵免遭粗暴、冷酷、麻木、无情的强大手段。怎样去利用这种细腻而又强有力的手段呢？首先要求教师善于用语言去创造人的精神世界的画面，为此，我力求去寻找能使孩子们创造出感受微妙之处的语言。

往往有此种情况：一个孩子有了痛苦，那些与他朝夕相处的孩子却未发现。如果不教会他们用心去了解人，他们是永远也察觉不出的，心是需要用心去呼唤的。我向孩子们讲述人的痛苦，孩子们若是站在他人的角度，就会有一种能力体现出来（如果心灵不用语言去呼唤，这种能力永远不会被激发出来）。荣辱与共的源泉就在这一能力之中。谁学会荣辱与共的精神，谁就学会了尊重他人，爱惜他那荣辱与共的情感和珍爱他人的那颗心。这种能力教会人去察觉他人的内心状况，无须用语言表示也能理解他人的忧愁、痛苦和不幸。这样当一个孩子在昨天、前天与人相遇时都看到一样的东西，而到了今天就发现那个人在某些细微处有新的变化。领悟一个人心情微小的变化，这会使孩子的情感记忆得到发展，精神境地得以提高。

孩子不仅要用智力去记忆，而且要用心去记忆；不仅去记忆那些亲眼见过的东西，而且去记忆自己感受过的东西，去记忆自己如何对待他人痛苦、忧愁和不幸的那些东西。培养和陶冶孩子的情感记忆——这是教育艺术重要的一个方面。从学校生活刚一起步，我就教孩子们用心去感受最亲、最爱的人——母亲、奶奶、父亲、爷爷的心情。我用语言中所有的优美辞藻，让孩子们用心去体验亲人们的不安、不快、痛苦等几十、几百种微小差别的心境。这些甚至是最亲近的人也不一定会对孩子讲，但是，应该让他们学会去察觉、去感受。

我教育孩子，等母亲下班回来，你要用心去倾听母亲的心情是好是坏，会给你带来许多不同的感受。根据母亲回家时的眼神、动作和对待自己的态度，你就能感受到她的心是平静还是不宁，是欢乐还是忧愁。你应视母亲的精神状态来控制自己的行为。还应该特别注意去感受爷爷奶奶这些暮年之人心情的变化。我努力使孩子们不仅理解，而且用心去体察那些暮年之人已进入自己人生的黄昏，对爷爷奶奶的心情要有敏锐的感觉——这是儿童、少年情感修养的最重要标志之一。我力求做到使孩子和爷爷有共同的精神兴趣，体会到人需要人这种最重要的精神，把最小的人和最老的人融合在一起。

3.应当保护孩子的心灵免遭利己主义和个人主义的侵蚀。

儿童利己主义最主要之根源，就藏匿于其有意识的生活初期，那时他们的心灵尚且柔弱、敏感，易受教育影响。恰是在这一时期，对有的孩子来说，其个人愿望就是成为“宇宙中心”，其全部情感以及他对他人和对自己的情感，都是在个人愿望的基础之上形成的，而且会以个人愿望得到满足为目的。如果对其利己的愿望哪怕有一点点限制，也会引起他的烦恼；而对他人的精神需求，则置若罔闻，他无心去看，也不去感受其亲近的人和亲人们的痛苦和不幸。利己主义在残害着儿童的心灵。一个利己主义者，即使对为自己的欢乐而奉献生命的父母的精神世界也不闻不问。在利己主义者看来，人并非是思想、情感和志向的无限世界，只不过是他满足享受的源泉，或者是完全不能给他带来任何好处的局外人。

利己主义在人们的意识里，并非是过去时代遗留在人们意识中的残余。即使在一个美好的家庭里，父亲和母亲都是好公民，都是集体主义者，都是热诚而又富有同情心的人，他们的儿子也可能会长成一个冷酷的利己主义者。我把这种利己主义称为精神上的自我堕落，因为这可怕的罪恶之根得以滋长和根深蒂固，其原因就在于，对孩子来说，他认为这个世界始终就是为自己的利益和享受而存在的，而大人们往往采取放纵态度，没有对孩子说每个人都有欢乐和享受幸福的权利。

怎样去保护孩子的心灵免遭利己主义的侵蚀呢？

根治利己主义的基本方法，就是教孩子学会控制自己的欲望。在家庭里，力求在孩子刚一懂事起，就该让他知道他是生活在人们之中，每个人都有自己力求得到满足的愿望。家庭教育工作就应从此时开始。我们对年轻的父母们说：“让孩子们尊重人，首先必须拥有尊重人的愿望、兴趣和志向。”当孩子成为学生的时候，培养尊重人的愿望有其重要意义，因为此时需要孩子用理智和心去认识周围世界。个人愿望，在某种程度上，不与他人的精神世界接触、不与他人的愿望发生联系是不可能的，发生愿望中的冲突也是不可避免的。为了使生活达到和谐一致，每个人都应当去适应他人的合理愿望，并使自己的愿望置于和谐的生活之中。

所有这一切，我都用浅显易懂的事例来说明。之所以这一点特别重要，为的就是我利用各种各样活生生的事例，使孩子们学会去辨别那错综复杂的兴趣与意向的愿望世界。

在学校附近，有一个秋季花坛，正盛开着菊花。每个学生都从这些花旁边数十次地经过。可是有个别学生，想独自欣赏花之美要去摘花。如果每个人都像他所想的那样去做，鲜花不就没了，只剩下光秃秃的花梗了吗?！生活的和谐将被漫无节制、随心所欲破坏，变成一片混乱。要记住，您的愿望，宛如一只在蓝蓝的天空飞翔着的小鸟，名叫“我想要”，可它必然会遇见另一只小鸟，名叫“不行”。您看，“我想要”小鸟就与“不行”小鸟相遇了。在大多数情况下，放出去的小鸟是该回巢的。对您而言，这应该是个教训：下一次，可不该把“我想要”小鸟放飞出去了。

要在这一复杂的体系中去辨别什么是‘我想要’‘不行’‘可

以’，这就要善于要求孩子对他人的精神世界以及上面所述的协调生活的和谐具有巨大的关爱。孩子应当使自己在某种程度上成为和谐生活的创造者——这需要引导孩子用理智和心灵去认识世界。协调生活的和谐，在于为人奏出优美的旋律，因为人也如同劳作着的蜜蜂会来采蜜那样，给人的相互关系的“蜂房”带去财富。劳动着的人们，在为人的精神财富与价值的总库里，哪怕增添点滴的财富，实际上，都是在奉行人的道德——人类共同生活的准则。

如果不是每一天都去关心采蜜，即为公共福利积累财富，那么社会生活就将变为地狱般的苦难、痛苦，折磨人的神经。所以，为预防孩子染上利己主义，就需要坚持不懈地教育他们每天都给和谐社会生活增添一点儿财富。在这方面尤为要遵循的一条准则，就是孩子从共同的“蜂房”里取出的福利，不该多于他自己给“蜂房”奉献出的财富。倘若破坏了这一平衡，就如同劳作的蜜蜂也变成少劳多得的蜜蜂了。

4.与预防利己主义密切相关的一点，就是去珍惜（保护）儿童心灵纯洁免遭恶——冷漠的侵蚀。

冷漠是利己主义的一个方面。冷漠的幼芽是从一颗小小的种子生长出来的，那颗种子就源于父母们的一种训诫：“你就想你、关心你自己就好了，至于他人的事你不要管。”于是，就播下了看似无害的、漠不关心的种子。母亲教导儿子，说：“你看到别的孩子打架，让他们拳打脚踢，不要去看，赶快走开；不关你的事，你别管。”于是，她的儿子不仅对个别同学胡作非为的行为，甚至对以强欺弱、侮辱无力自卫的女孩的流氓，一律熟视无睹。这里，还有一条精神生活的规律，就是只要对某一件事闭上眼睛，那么他很快就会对其他一切事都视而不见。他对任何事都不会焦虑，也不会用心去关注。冷漠会使他心灵空虚，会使利己主义者精神财富缺失的世界更加缺失。这种人活着，正如作家陀思妥耶夫斯基所写：“只为自己的肚子。”

冷漠——是利己主义之恶花结出的恶果。冷漠的人心中没有任何理想，他可能成为叛徒，前一天敬仰的东西现在就可以诋毁。冷漠——是冷酷残忍、麻木不仁、无情主义的亲姐妹。冷漠的人没有至亲至爱的朋友，没有奉献爱心的挚爱之人。冷漠之人不会懂得什么是人的本能需要，什么是真正的友谊和人与人之间的真诚，什么是孩子对父母和父母对孩子的义务。随着冷漠的到来，接踵而至的则是道德败坏。

保护孩子心灵免遭冷漠的侵蚀——这意味着要在每一个人身上找到并完善其人性最美的一面。预防冷漠首要的一点，对孩子而言，就是生活里不能没有令他心灵激动的东西。孩子的心对其周围世界善与恶的反应，是人的精神生活微妙的范畴之一。在这里融合着社会理想和个人追求，产生并确立一种道德信念。善于沉思的教育者，从来不会让孩子们错过令他们欢悦、惊叹的东西。相反，也包括那些不满和气愤的东西。真正的教育艺术，就在于使孩子们不仅是用眼看，而且是用心去观察世界。

5.必须保护孩子的心灵免遭虚伪、欺骗、伪造的侵蚀。

往往出自于“走形式”“总结报告”一类的虚伪、欺骗、颠倒黑白，是为了掩饰真相而臆造出来的假象。这一切都是在培育卑鄙、伪善和冷漠。每当孩子们看到、用心感受到大人们力图去显示并非实际的东西时，他会丧失对真理的信心。对他而言，生活就没有了神圣和不可动摇的东西存在，还会渐渐地形成一个固着的信念：每个人在生活中都是口是心非，去讨好决定他命运、幸福安康的人。溜须拍马、阿谀奉承——是虚伪、谎言、欺骗的畸形儿。

在保护孩子的心灵免遭这种巨大的恶习侵蚀之时，必须把那些谎言、虚假、欺骗的种子指出来。对成年人而言，往往司空见惯了；而对孩子来说，经常看到的、用心感受到的那些东西，要么表示异议，要么对虚假习以为常。有的学生学得不好，学习成绩得三分被提高到四分，又强拉硬拽照样升到高一年级；校办绿化园的植物才刚刚发芽，而区报就大肆吹捧该校绿化搞得如何好；共青团委什么事也没干，在总结会上却对其大加赞赏——所有这一切，都是弄虚作假的种子。这些种子在向那块洁净的孩子心灵沃土上播撒，在那里生根、发芽，直到结出溜须拍马、口是心非、阿谀奉承这一类的恶果。信念的改变，也就像更换一副手套那样任意而为了。

爱护孩子心灵的纯洁，意味着要用真理进行教育。真理应当成为教育的最高法官。无论在任何情况下，教育者在儿童心目中都应树立起厌恶谎言、虚假和欺骗的形象。

如何从孩子入学的第一天起，就使孩子的心像清晨的露珠那样纯洁，这是我尤为关心的事。关心孩子心地纯洁，是巨大的教育艺术，是一种复杂的劳动。正是这种复杂的劳动，才会把孩子那充满才智的声音与纯洁情感最初的动作交融在一起。依我之见，一个人内心闪光的方方面面，恰恰基于孩子不仅用才智而且用心去认识世界，并能对其所见到的那些东西做出非常生动、鲜明而又情感真实的评述。孩子对周围世界现象的思考，往往是与情感的最初激情一起表现出来的，而这些表现出来的东西，永远是最纯洁的。

假如您想用真理和憎恨虚假、憎恨欺骗的精神去教育孩子，那么任何时候您都不会泯灭这种纯洁的崇高激情。

教育者必须特别细心与注意，务必不让那些谎言、虚假、欺骗的阴影投入到一切劳动之中。劳动与真理，这两者是彼此互补的巨大教育力量。在这里，对每个孩子劳动能力的真实客观评价都具有巨大的意义。我们教师任何时候都不能忘记，孩子智力劳动的成果（他的知识、在具体阶段所完成的具体学业）远不能准确地反映他所付出力量的程度。往往有此种情况，有的孩子实际上并没有花费很多力量，却得到优等成绩。相反，有的孩子非常用功读书，也克服重重困难，结果分数却是一般。造成此种不正常的状况，就在于分数的测评，不是看学生所付出力量的多少，也不是看学生所坚持的毅力如何，而仅仅凭孩子的天赋能力。假如深入分析一下学生学习活动的内在动因，我们就会得出一个结论：这种评分办法是学校教育工作最严重的缺点之一。那些十分用功而得低分的孩子，心里渐渐就会感到屈辱，有时甚至产生愤恨，表现出不健康的依附性和不相信自身力量的现象。而那些轻易得高分的学生，则感到自己了不起，自高自大起来。

究竟如何使少年的心灵免遭这种灾难呢？如何才能做到在考虑孩子的能力时，使分数成为对孩子劳动的正确评价呢？正如优秀教师的经验所证明的那样，出路只有一条，就是学业因人而异，对于知识评价采取细心、巧妙和有分寸的办法。对于有突出能力的学生多加要求，比如，在独立完成数学或语法作业时，可以给能力较强的学生一些复杂的习题，让其努力思考，使他的智力真正地得到开发。要使能力较强的学生不去感到高分永远属于他，也使能力较弱的学生不去感到他只能做容易的习题。这完全取决于教师的教育素养。对智力劳动作出正确的评价，能促使智能发展。对前一天尚不能去做中等复杂习题的人来说，也许今天他就尽自己力量去尝试做更艰难的习题，并想取得成功。

劳动评价之客观性，其必要前提，就是要在学生集体中进行公开评价。

6.要保护孩子避免懒惰、闲散和工作上的粗枝大叶。

我想把懒惰称为心灵的沉睡。懒惰不仅腐蚀人的心灵，使其成为什么都不想做的人；懒惰，使其有时也能按照他人所要求的一切去做，对他而言，强迫、监督是唯一的推动力。学生在精神力量方面萎靡不振、缺乏把自己的作业做得更好的内在动力，其实这些形形色色的懒惰现象在学生学习之初就表现出来了。由于有了这种懒惰，孩子对于亲手完成的作业质量，势必持以绝对的漠不关心的态度。

懒惰摧残孩子的心灵，因为它是在剥夺孩子活动的最主要精神内在兴奋剂——灵感。要在孩子心灵中激起一种愿望，即用劳动去点燃他的心灵之火，意味着使他在创造幸福、精神生活方面更加充实。在孩子的心灵里激发灵感的艺术——是教育素养最为细腻的特点之一。这种艺术能提防，甚至可以说，能挽救孩子摆脱那些毫无欢乐、单调乏味的生活，以及消除视劳动为重负的荒谬观点。

在学校生活里，懒惰的根源就是思想懒惰。要知道，劳动，无论是体现在课本和作业上的，还是体现在校办试验田、果园里的劳作时，任何一种都反映在精神生活之中，而思想也如同一条红线贯穿于其中。灵感始于思想的迸发，思想里又蕴含着在劳动中确立自我愿望之火花。没有这种愿望之火花，就不可能成为热爱劳动、有创造性的人。

在这里谈一个事例。我看到四年级学生尤拉，俯身在写作文，题目是《温和的初秋》。尤拉为了能使自己写出点儿内容来，费了九牛二虎之力，最后还是不愿写下去了。因为在他的观念里，没有阳光明媚的秋日图景可以用语言表达出来并写在纸上。就在那一瞬间，他心想：如果能轻轻松松舒一口气，放下笔，跑出教室该有多好。不愿写作的愿望一下子笼罩着孩子的全身，在压迫着他。可是，我看到每次去思想和本族语言发源地（森林里、田野里）观察自然现象的时候，尤拉都兴趣大发，眼里闪出思维的火花，他的心无比兴奋。我极力回忆、回想激发尤拉兴奋的那一幅幅自然图景。为了刺激尤拉内心的灵感，我试图引用那一幅幅图景作为他作文的思路。我走近尤拉，悄声对他说："你想一想，在那个秋天的早晨，你看到野菊花瓣上的晨霜……你记得吗？太阳出来了，它是怎样融化那菊叶上晶莹的霜，然后又是怎样在花瓣上形成闪耀的露珠……"

孩子的眼里闪出炯炯目光。我看到，孩子在回忆过往看到的图景。我看到他早已忘掉了那个尽可能快些草草结束作业而深受压抑的愿望，在他的意识里，又浮现出那个宁静的秋日清晨图景……那图景在描绘语言、激发思维，促使他动手、动笔书写。摆在孩子面前的，已不是空白的纸页了，而是一幅巨大的画布，他这位“画家”在这块画布上描绘的正是周围世界之美。灵感就是这样产生出来的。它蕴含在活生生的思维变幻之中，它就是紧紧抓住心灵的一种思维，它将成为一种内在的力量，使孩子忘却他是在做功课和在劳动。灵感真真切切在改变着人。在尤拉的眼里，刚才我还看到的是麻木，什么都无所谓的态度（听天由命吧！）；现在，他的眼里、他的脸上流露出生动的表情。灵感给他带来的劳动是一种满足和喜悦。

我认为，自己最重要的一个任务，就是要使每一个孩子都能在智慧的劳动中体验到灵感；只有它，才是独立自主、充满崇高精神的智力活动和学习愿望的巨大源泉。灵感必须贯穿于一切形式的智力劳动之中——无论是孩子在做单调的语法作业，还是在读诗、诵歌和解答习题，都应如此。教师为孩子燃起灵感的火种，已不止千百种。

灵感，同样也是生产劳动中防止懒惰的强大力量。孩子不愿劳动就始于其思想的消沉，可有的老师力图迫使孩子动手去劳动。要知道，没有思想，双手是不能激发出灵感的。不管我们激励孩子们去干的体力劳动有多么单调，其中总能有创造性思维发展之地。一定要用思想里被激发出来的灵感召唤双手去劳动，让劳动成为思想和双手协调一致的“把戏”。在每一种劳动里，我都力求找到双手的干劲儿与思想的灵感连接在一起的“细线”。智力劳动和体力劳动结合的问题，是一个非常重大和严肃的问题，有必要对此进行专门研究。

7.虚荣心是对孩子心灵的另一种危害。

病态地追求他人尊敬，渴望在集体中得到表扬、嘉奖和特殊地位，这些无疑都是孩子心灵中的一种病。这种病，有时是由学校生活作风本身产生的，尤其是教师忽视学生的内在精神因素的作用，一味地夸大外在动机所造成的。

由于虚荣心的作祟，助长了追求分数现象，有的尚未等学生做答，就已经给他打出了分数。过高评价，往往使学生在智力和能力方面产生极为扭曲的错觉，导致利己主义那种沾沾自喜、不尊重同学的现象，内心深处蕴含着思想懒惰、需求和兴趣贫乏。虚荣心——冷酷、残忍的另一种表现。

虚荣心会导致何种后果呢？有这样一个例子足以见证。有一位四年级的女生，在校园里捡到二十戈比，她把钱马上交给了女老师，并希望能找到丢钱的失主。女老师当着全班同学的面儿表扬了这个小女孩。学校墙报上也刊登了她做好事的报道（甚至登了照片），校广播室也做了广播。可就在一周后，又有两个女孩走到女老师面前，一个拿出十戈比，另一个拿出五戈比，也去交给了女老师。可这一次，女老师没有夸奖那两个小女孩。为此，她们俩不满意，委屈地问老师："为什么不把我们的事迹也写到墙报上啊？"经查明，这两个小女孩并没有捡到钱，她们只不过是在用自己的钱"买"夸奖。

教师们出于良好的动机，常常力求不放过任何一个机会，即使无须进行道德评价的事，也去做出好与不好的评价。本来是正常人际关系中很自然的行为也去大加赞赏。比如，帮老奶奶过马路要夸奖；去有病的同学家送作业要夸奖；孩子在三八妇女节给母亲送礼物也要夸奖。不只在学生们面前夸奖，有时也在父母们面前夸奖。这样一来，就渐渐地培育出一种放任的东西——虚荣心，而它又牢固地扎根于孩子心灵之中。

应当把虚荣心的灵魂从学校赶出去。这要求对知识的评价和才能的培养采取深思熟虑和理智的态度。为什么在学校里、在班级里总要去突出一部分学生，总把才能出众的好名声像标签一样贴在这些学生的头上呢？在这里，很有必要反复去说：才能出众的学生应该迎接更难的习题，而让那些所谓才能平平的学生，也能取得哪怕是某一方面的好成绩。总而言之，才能的形成和发展，应当是一幅生动的、灵活的图景。这才是防止虚荣心最中肯的一个警告。

不应对学生们在校所做的一切都加以评价，特别在中年级和高年级班里，学生们应当去完成的大部分智力工作，并非是为了得分数，而是出于对知识的需求。

对待有关道德方面的嘉奖，尤需特别谨慎，要力求做到一个人做的事，是出于内在的动机、良心的驱使，而不是为了得嘉奖。

8.最后谈谈预防孩子的幼稚病。

我谈的是关于人的精神发育，乍一看是出现了缺陷，形成奇怪的病症，实则是一种道德上的不成熟，称之为“迟到的童年”。在学校里，常有一些十五六岁大的青少年，身体发育已接近于成熟，可在道德和劳动发展方面，还停留在十一二岁孩子的水平上。在一所学校里，有一群九年级学生，都十六岁了，在一个初冬时节，被派到农庄果园里去干活儿，让他们去摘掉那些布满蛾卵的叶子。外面天气宁静无风，气温也不过零下三摄氏度。即使在这样的条件下，同样是十六岁大的建筑工人，室外作业一连就是六个小时。可这些学生们呢，一个小时也坚持不了！他们觉得寒冷，扔下活儿便跑回学校取暖。这是在劳动和道德方面一种典型的幼稚病。

幼稚型的无能、无力自卫、缺乏劳动培训、不善于克服困难——这一切会导致幼稚型思想。我曾听过一些十六岁大的女孩们，在谈到托尔斯泰和屠格涅夫小说里的一些问题时，同样反映出孩子般的幼稚、视野狭窄，对一些复杂生活现象暴露出孩子般的无知。

幼稚病是一种不幸，它束缚人的精神力量和创造力量，使其在社会活动中局限在狭小的圈子里。

究竟怎样预防幼稚病呢？最主要的一点，就是要使道德上的成熟和劳动上的成熟统一起来，将个人体力锻炼和精神锻炼统一起来。假如一个学生，做任何事总去避重就轻；假如他从未经历任何困难，做任何事也从不流汗，手上磨不出水疱，那他就永远达不到精神上、道德上和劳动方面的成熟。

为了实现道德成熟和劳动成熟的统一，就要让十二三岁大的青少年去完成他们需要付出紧张的智力和体力的工作。到了十五六岁，则需付出更大的努力，接近成年人劳动强度的工作。少年人要在不太冷的户外完成力所能及的并不轻松的劳动；而十五六岁大的青少年，要在零下十至十五摄氏度，甚至在暴风雪里劳动（比如让他们从田野里把饲料运回饲养场）。只有让少年和青少年亲身体验到什么是真正的劳动，他们才会坚信不克服困难就不可能生活。这种体验就是道德成熟和劳动成熟的最重要标志。谁在青少年时代学会真正的劳动，学会克服种种困难，谁就能像成年人那样去思考，而不是像小孩子那般幼稚。

第四章

我们要在孩子身上延续自己

要在儿子心中留下痕迹

幸福与不幸福的家庭

乌克兰有一个古老的民间传说。

有位母亲生了独生子，珍爱无比，视如宝贝，对他疼爱有加。每天清晨收集露珠为他洗脸，选最好的绸缎为他缝制衬衣。儿子长大了，体格匀称，长相漂亮。后来结婚了，娶了一位貌似天仙的姑娘为妻，他把妻子带回自己的故乡。可是那位年轻的妻子不喜欢婆婆，甚至恨她。母亲生怕与儿媳碰面，总待在自己的小屋子里，后来又搬到外面一个小棚子里去住。即使这样，也不能让那位儿媳消停下来。她对丈夫说："如果你还想和我过，那你就得杀死你的母亲，取出她的心，放在慢火上烘烤。"

那个儿子完全被美貌的妻子所迷惑，他胸膛里的心并未颤抖，便对母亲说："妈妈，妻子让我杀死你，取出你的心，放在慢火上烘烤。我若是不听她的话，她就要离我而去。我不能没有她……没办法，就得听她的话。"母亲哭了，然后对儿子说："那好吧！儿子，你怎么想的就怎么去做吧！"

儿子带着母亲走进了密林。他找了些干树枝，燃起一堆火，杀死了母亲，把她的心从胸中取出来，放在烧红了的木炭上。烧红了的木炭发出噼啪的响声。一块儿小木炭迸出一颗小火星，正好溅到儿子的脸上，把他烫伤了。儿子大叫了一声，用手捂着烫伤的脸。此时，在慢火上烘烤着的母亲那颗火红的心，突然剧烈地跳动起来，急切地说："我的宝贝儿子，你很疼吧？快去摘一叶车前草，火堆旁就有。把叶子放在伤口处，再把我的心放到车前草的叶子上……等你伤好了，再把我的心放到火上。"

儿子听到母亲的心声，号啕痛哭，双手捧起母亲那颗火红的心，泪如雨下，急忙把心放回母亲被撕破的胸膛里。他幡然悔悟了，悟到任何时候都没有人能像母亲那样热烈而真诚地爱他。母亲的爱，是那样博大而无穷，母亲期盼儿子欢乐的心愿是那样深切无比。母亲的那颗心又复活了，被撕开的胸膛也合拢了。母亲站了起来，把一头卷发的儿子紧紧地搂在怀里。此时，儿子已厌恶看似美貌的妻子了，再也不会回到她身边，母亲也不回那个家了。母子二人朝着辽阔的草原走去，最后化作两座巍峨的高山。

这篇民间故事，是用人民的智慧创作出来的。再没有比母爱更强烈之爱了，再没有比母亲的那种温存更为温存的了，也再没有比母亲那不眠之夜、不合眼的焦虑更为焦虑的了。

儿女要知感恩……对于已感到生命接近暮年的人来说，再没有比孩子们知道自己的父母是为他们、为他们的幸福而去创造幸福的那种欢乐而更为欢乐的了。

对于父母而言，最大的痛苦，莫过于感到自己的子女冷漠无情，忘了一切幸福都是他们的母亲和父亲创造出来的。

“不孝之子”“不孝之女”，这句民间的道德训诫是对人的丑恶行为一种最尖锐、最深刻的谴责。我在中学里工作了三十二年，在我的教育工作初期，那些坐在书桌旁的学生们早已成了父亲或母亲，几百上千人的命运活灵活现地展现在我的眼前。生活令我相信，我们应当向劳动人民学习培养纯洁、高尚的品德，应当在永不干涸的人民道德源泉中，汲取真正的人性、同志的情谊和亲人间真情的精神力量。劳动人民会毫不留情地去谴责那个儿子的忘恩负义，以求使儿子的爱和忠诚变得高尚。现在，我来讲一讲不久前在我们村里发生的一个真实的故事。

两位母亲，一个叫玛丽娅，另一个叫赫里斯京娜。两人是邻居，都在集体农庄工作，各自生养了个儿子。玛丽娅的儿子叫彼得，赫里斯京娜的儿子叫安德烈。他们是同一年出生的。1939年秋，彼得和安德烈都到了服兵役的年龄。

玛丽娅和赫里斯京娜一起把自己的儿子送去服兵役，她俩也都在计算，还要等待多少天，蓝眼睛、浅色头发的彼得和黑眼睛、一头如乌鸦翅膀般长发的安德烈能够归来。

战争开始了，敌人侵占了乌克兰大地。两年来，两位母亲不知道儿子的一丁点儿情况，也苦苦等待不来一点儿消息。后来，苏联红军解放了乌克兰大地，赫里斯京娜和玛丽娅也都收到了装在蓝色三角信封里的信，欢乐的心情迸发了——她们的儿子都活着。战争的枪声停止了，在一周之内，彼得和安德烈归来了。母亲那颗痛苦的心乐开了花。

但没有高兴太久，两位母亲的命运虽然不同，但遇见的苦难是相同的。玛丽娅病了，卧床不起，双脚行动不便。儿子彼得也遇到艰难，不仅是母亲的病给他带来意外的伤痛；另一种不幸，正如常言所说，屋漏偏逢连夜雨，接踵而至。

这时，一位长着乌黑眉毛的姑娘正和彼得相恋，高高兴兴地等着结婚。可是那种情窦初开的性爱是禁不住诱惑的，未婚妻加林娜怀孕了。按照民意伦理的习俗，应当让儿子把姑娘领回家。可此时母亲正卧病在床，她看到儿子为此事苦恼，夜不能寐，便对他说："不能让加林娜受辱，把她领回家做你的合法妻子吧。至于我，就顺其自然吧。"加林娜到了家，和彼得过上了友好和睦的好日子，要是母亲不生病，那一切都堪称完美。

儿子彼得听说基辅有位名医，但要去治病就得需要一笔钱。彼得和加林娜商量打算卖掉房子去治病，他们想让母亲站起来。于是，他们把房子卖了，领着母亲去了基辅，在一个远房亲戚家住下。接着母亲住了院。医生说："需要在医院住上一年半或者更长一段时间就好了。"

年轻夫妻的生活尽管拮据，可他们一直都在帮助母亲。小夫妻还卖掉了加林娜的衣服、彼得的手风琴，就是想让母亲站起来。

母亲在医院里不止住了一年半，而是两年，她痊愈了。她说："使我从床上站起来的不是药物，而是儿女伟大的爱。"

村里的人们对彼得和加林娜赞不绝口，称他们是孝敬父母的楷模，并教育孩子们要像他们那样活在世上。

现在让我们暂时把幸福的玛丽娅和她的儿女（我们这里婆婆常称儿媳为女儿，儿媳称婆婆为妈妈）与孙子们的话题放下，再到赫里斯京娜的寒舍去看一下，她的命运截然不同。儿子安德烈回来时，带回几箱战利品，但他从不在母亲的屋子里打开。他嫌母亲的小屋狭窄，决定盖一间新房，地址选在僻静的村边。他盖了一间砖房，房顶上铺着那些年来罕见的锌板。他也结婚了，一对小夫妻过上了无忧无虑的生活。

可是，赫里斯京娜的房子破旧不堪，她恳求儿子修缮房子。儿子却回答说："我忙着呢，你的房子自己想办法吧。"母亲哭了，用一些草在房顶上铺了铺。赫里斯京娜心想：只要身体好，这算不上不幸。可真正的不幸终于降临了：安德烈的母亲病了，手脚麻木，卧床不起。母亲的邻居走到安德烈跟前，说："安德烈，你有没有良心啊？你母亲病了，卧床不起，需要你经常去照顾的呀。"儿子应允服侍母亲，可就是不去做，只好由邻居们去照料有病的老太婆。

半年过去了，一年又过去了，赫里斯京娜的病不见好。她的儿子一次也没有去服侍她。村里的人议论纷纷：儿子抛弃了母亲。人们称安德烈冷酷无情，后来，人们用尖刻的话骂他是畜生。

人们唾弃安德烈，都不与他打交道。这让安德烈感到很害怕，于是，他走上了自杀之路。

为什么会发生这样的事情呢？

为什么有的子女会表现出忘恩负义呢？那些铁石心肠的人又是怎么养成的呢？人们不由得会想起那位不幸的母亲，她把自己的全部心血都倾注在“宝贝”儿子安德烈身上，甚至到了夜不能寐的地步。人们都记得，就在集体农庄成立之前赫里斯京娜和丈夫下地去收麦时的情景：她总是在大车上放一些带有香味的干草，铺上一块白棉布单，然后把已经睡着了的安德烈，连同枕头、被子一起抱上车，并把他的小脸罩上，以免被炽热的太阳晒到。小安德烈就在车上安稳地睡着。他已经八岁了，像他这个年龄的孩子，早已能到森林里去拾柴、升起篝火、担水了，可是他在睡觉。

安德烈身体健壮，朝气勃勃。可他的母亲对他总是心神不宁，更让她担心的是生怕儿子出什么事而伤他的心，生怕有一点儿痛苦使儿子平静的童年变得忧伤。在一年秋天，赫里斯京娜给儿子煎了一盘蘑菇，是她儿子喜欢吃的食物，他每天都想吃酸奶油蘑菇。附近的蘑菇越来越少了，赫里斯京娜不得不到六千米开外的森林里去采。有一次，母亲的脚被划伤了，好不容易才回到了家。她对这次不幸，咬牙不说，甚至不露一点儿声色，难道能让安德烈的情绪受伤吗？“为什么要让他知道世界上有痛苦呢？”每当赫里斯京娜遇到一些忧伤的事，她总是闭上天真的眼睛，这样去说，这一次也是如此。她随随便便包扎一下脚伤，到一个邻居家求助。于是那位邻居便每天给她送来一篮子蘑菇，而母亲就将自己做的衬衫作为回报送给那位邻居。

安德烈并不知道他的妈妈遭受过何等的不幸。他的心只是在为自己的欢乐和满足而跳动。他只向人们去索取，却从不向他们奉献什么，所以他才成了一个铁石心肠的人。

家庭教育之初与结尾

彼得的童年完全是另一个样子。母亲既喜欢他，也非常疼爱他，但并不去维护他免遭种种复杂而又矛盾的生活干扰。因为生活中欢乐与痛苦、幸福与不幸、喜悦与忧愁总是交织在一起的。生活中所发生的一切，都会在儿童心灵里激起种种最为不同的情感、感受、激情和追求。在儿童的心灵中，那些怜悯、仁慈、同情的情感，都会留下特别深的痕迹。玛丽娅有颗慈母之心，她所关心的就是让一个人从小就感受到他人和我生活在一起，他们也有自己的兴趣和愿望，也都想成为幸福的人。

"要成为一个幸福的人，就应该以爱护、委婉、亲切、同情、关心的态度与他人交心。"对这句民间道德的神圣箴言，玛丽娅是不可能步步遵循的（孩子也不可能理解这句箴言之深奥），但她还是照此去教育儿子。

玛丽娅有一个邻居，是一位经常生病的老太太。我记得，当玛丽娅的大果园里的果子熟了，如樱桃、苹果、梨、李子、葡萄等，母亲便叫上彼得，说："快给那位孤身老人送去吧！"母亲把最先熟了的果子放进盘里递到他手上。

这对孩子来说，已是习以为常了。

玛丽娅教导儿子说：“谈论对人类之爱，要比在冬季去帮助雅林娜奶奶劈柴容易得多。人类——它很遥远，而雅林娜奶奶就在身旁，如果她没有生炉子用的东西了，良心会让我们在夜间闭不上眼睛。注意吧，儿子，要用自己的心去关怀他人的疾苦。”

几年过去了。彼得和加林娜的孩子们早已从学校毕业了。我虚度四十年的教育生涯，就期盼着在那阳光9月的清晨，在学校门口迎接彼得和加林娜的孙子们，这一天就快要来临了。对我来说，学校生活的每一天都是给孩子们带去欢乐的开始。我在孩子们快乐的眼睛里看到他们对盛开着的玫瑰花之美表现出的赞赏，我看到孩子们在周围世界里观察到的那些新奇的东西——如奇异小鸟般的白云、花丛中飞来飞去的彩蝶——所表现出的惊讶神采。孩子们兴高采烈地在我面前展示爸爸妈妈给的礼物，社会和家长们给孩子带来这么多欢乐，这有多好呀！但是，在看到孩子那欢欣、无忧的面孔时，我内心里又隐约藏有一丝不安。

回想起小安德烈，他也曾是个乐观、愉快的孩子，甚至不是一个任性的孩子，因为他母亲那颗爱心，早已预见有可能的任性，却没有把它们消除在萌芽状态。

一个永久的问题，可以称为家庭教育林林总总的问题，一直让我惴惴不安，那就是在教育孩子方面，如何把严格要求与亲切关怀、严厉与抚爱、服从与自由结合起来？父母的智慧之爱包含着什么内容？这个问题——在编辑部收到父母写来的数十封来信中发表了托里的来信并对该信做了评语之后，我读到了。

我们走进一个美好时代。我国每一位公民在这个时代都要把最崇高的创造，即在自己孩子身上再现自己、培育人以及人在智慧、感性、意志、性格、美德和人的独特个性形成方面，看作自己无与伦比的幸福。我们每个人都要去为自己的同胞创造什么，如面包和机器、衣服和宇宙飞船，牲畜新品种的培育和交响乐，但是我们每个人又都有极度个人的同时又是极度社会的创造，就是创造人。我们怎样去培育自己的孩子，怎样把孩子带进自己身后的世界呢？父母们，我们能在自己孩子的心目中留下点儿什么呢？好好地思考这些问题吧。创造人，如同建工厂、石油管道和发电站一样，同样重要。

我们身为父亲和母亲，都是在为我们子子孙孙的幸福而建设共产主义，实质上我们在为我们的理想而生活、劳动、奋斗，其目的就是让我们的孩子们都成为幸福的人。

我是属于在艰苦的1941年参加苏联红军后备队，手中拿起武器迎接敌人的那一代人。我们当中许多人在战火中心脏停止了跳动，成千上万个兄弟之墓就建在那二十年的树林里的阴凉之地。而从战场回来的那些人便担负起繁重的劳动任务。就在那一片片废墟上，我们重建了工厂、新城和发电站，建起了许多条件优越的学校和少年宫。

我们的妻子们是幸福的，我们的父亲们也是幸福的，因为我们的孩子们在成长。每当我们看到为孩子们建起一座新的儿童营地的时候，孩子们是怎样兴高采烈地和妈妈、奶奶、爷爷一起，走向准备带领他们去少先队夏令营的公共汽车，我们发自内心地高兴。看啊，奶奶带着箱子，母亲一次又一次地说着亲热的告别话。汽车发动了，车后扬起了一股股云雾般的尘土，遮住了低垂在英雄墓旁永久哨兵形象的棵棵栗树。每星期一次，我们都要去看望那些十四五岁大的孩子们的夏令营，仔细地问他们吃得如何。当我们得知夏令营食堂玻璃窗被打碎了时，我们愤怒地责问教务主任干什么去了，要知道这样会造成孩子感冒的。我们刚刚向夏令营领导道出自己的愤怒，教务主任就带着镶玻璃的工人赶来，玻璃装好了。

所有这一切，都是我们生活的规律，所有的人都应当为此感到高兴。可能有人认为苦日子更容易进行教育，此话未免愚蠢。孩子们忍饥挨饿，为讨一小块面包成了他们的梦想的那个时代，让它一去不复返吧！然而有一些问题，令我作为一个父亲、一个共产党员，同时我也坚信，这也会令很多父亲和共产党员感到不安：我们对孩子燃起的永不熄灭的爱的火炬，是否能在孩子的心灵里燃起回报的火花呢？孩子是否能感受到他生活里的欢乐和幸福，都是父母付出巨大的劳动和汗水换来的呢？他们的父母可都是些善良、同情、亲切关心他人的人啊！同时，孩子们是否能感受到那许许多多“不是亲人的人”和“外人”，但对他们来说，胜似亲人的那些人所付出的劳动和汗水呢？尽管这是常理，他们却意识不到，不是吗？父母的智慧之爱会永放光彩吗？父母的爱之道包含哪些内容呢？

我曾亲眼看见，在我眼皮底下长大的那些上百个孩子的命运，令我十分坚信，父母崇高的智慧之爱，就在于我们的父亲和母亲善于在孩子面前揭示出生活欢乐的真正源泉，让孩子们看到和感受到生活的欢乐何在。

孩子的幸福，就其本性来讲是自私的。大人们为孩子创造出来的那些幸福和财富，在他们看来，是父母们应当应分、理所当然的。直到现在，有些孩子还没有感到、没有亲自体验到（这种体验本身从来不会自然产生），他们个人欢乐的重要源泉，就是长辈们辛勤劳动和汗水的结果，可是他们有时会深信：母亲和父亲的存在，就是为了给他们带来欢乐的。

一时间，广泛流传着这样一种观点，认为好吃懒做、游手好闲、忘恩负义的子女们，多半是生长在远离生产劳动的、父母都是知识分子的家庭。这种观点，就是被生活所驳倒的，凭空臆造出来的无稽之谈。生活令我坚信，现实与此恰恰相反，那些铁石心肠的人，往往正是生长在那些劳动的工人、集体农庄庄员、知识分子的家庭里。这些家庭里的父母们总是对自己的孩子非常宠爱、无私奉献，却对孩子从不要求什么。乍一看，这似乎有些离奇和反常：在这些优秀的、劳动的、老实正派的家庭里，孩子们在心地善良、关心备至、富有同情心的父母身边，怎么会长成冷漠无情、毫无怜悯心的人呢？然而，这没有什么可离奇的。孩子之所以成为铁石心肠的人，就是因为他只是个欢乐的需求者，生活的全部欢乐只在于去索取，而这一点正是家庭教育中最为可怕的。

父母的爱之道

依我之见，通向父母的爱之道，必须注重精神上的培育。这在当今，是形成社会道德范畴里一项极其重要而又极其细致的任务。有的人（包括很多父母）认为我国公民的社会活动与培养子女、履行父母的职责毫无关系，这种观点是十分错误的。

育人，培育自己的子女，是公民头等重要的社会活动，是公民的责任。绝大多数的父母都会很好地理解这一点。在我校召开的家长会上，一位五年级学生的父亲，声称自己社会活动繁忙无暇顾及儿子，父母们直截了当地对他说："如果您不花费时间培育自己的孩子，您就是作为社会活动家也没有一点儿价值。无暇培育自己的儿子，也就意味着无暇去做人。"

要让父母们懂得父母的爱之道，我认为这正是学校教育过程中一项最重要的任务。我们的家长学校工作已不止十年了。顺便说一下，我们认为没有必要把"家长学校"称为家长大学，这不过是一句漂亮的空话而已，并非能反映出我们与家长们所进行的那种严肃教育工作的本质。

我们同父母们的谈话，贯穿着一条红线，那就是父母的智慧之爱的思想——善良与严格要求、抚爱与严厉相和谐的思想。我们在同父母的交谈时，尽量掌握分寸，不去触动那些往往会引发父母作痛的隐私，而是要帮助父母们在精神生活最敏锐的事情上不犯错误。

如果不懂得父母的育人之道，父母对孩子的爱就会走上歧路，从而把孩子教坏。这种畸形之爱，有多种类型，最主要的是：溺爱、独断专行的爱、收买式的爱。

溺爱——这是父母与子女关系中最为悲惨的、难以想象的一种爱，是一种没有理智的，有时甚至可以说是——母鸡式的爱。母亲和父亲对孩子迈出的每一步都一味宠爱有加，不去思考这一步会导致孩子什么样的后果；有些父母对待孩子采取那种轻率的态度，狂热崇拜，像对待上帝那样，这类例子屡见不鲜。

我亲眼看见这样一种情景。有一位邻居来到五岁大的谢迈沙的母亲家串门。两个女人都在院子里站着说话，旁边有一个正在玩耍的小男孩。那个小男孩就在母亲的眼皮子底下小便。母亲却喃喃地说："您看我那宝贝儿子，不怕人。"不明智的溺爱，往往导致悲剧性的后果。那就是子女骑在父母的脖子上，变成小霸王。

溺爱，会使孩子心灵扭曲，不知克制自己的愿望。"我想干什么就干什么，谁也管不着"，粗野人、流氓无赖的这句口头禅，会变成他的生活准则。在溺爱中培育出来的孩子，不知在人的社会中有"可以""不行""应该"的概念区分。他认为所做的一切都是可以的。他会长成一个任性的人，往往表现出病态。生活对他而言，哪怕有一点点要求，也会让他觉得无法承受。溺爱中培育出来的孩子，正如常言所说，自私透顶了。他不知自己在父母面前还有责任，他不乐意，也不想去劳动；所以他看不到人，也不用心去感受他周围的人，首当其冲是他的母亲、父亲、爷爷、奶奶那些人。须知，这些人也有自己的愿望、自己的需求、自己的精神世界啊！

故此，他渐渐形成这样一个信念：生活在这个世界上，他的存在本身就是给父母带去欢乐和幸福。

去年秋天，在一本文艺杂志上刊登了一张照片，触痛了我的心。照片上是开学第一天，一年级小学生们走进教室各自坐在自己的座位上，幸福的爸爸妈妈便从窗外、门外，往教室里张望，所有人的眼里都流露出甜甜的目光，女教师的脸上也展现甜甜的笑容。这时，孩子们感到所有的人都在深情地望着“心肝宝贝”似的他们，这不由得使他们产生一个念头，那就是：他们来上学，坐在书桌后面，已是最大的功绩。

孩子们是我们生活的欢乐，我们为了孩子们幸福的生活而劳动着。这是公认的真理。然而向孩子们讲述这一点，甚至为强调这一思想，将其编成剧目（比如在庄严、隆重的场面将学校和幼儿园的钥匙交给孩子），这意味着去惯坏孩子，造成一个公民心灵上的缺陷。由于一些父亲一步步地向孩子的头脑里灌输“你是我们生活的欢乐”这一概念，孩子们自然就产生出这样一个信念：“父母们所做的巨大付出，就是为了从我们身上得到物质和精神财富。既然是这样，那我就任意妄为，每一个愿望都应该得到满足。”结果呢，必然播下儿童任性和残暴的种子，接下来便是那些父母们为此事而抓自己的头，叫苦不迭。

还有一种不理智的、本能病态的父母之爱，就是独断专行的爱。1967年1月22日《工人日报》发表了十六岁男孩的一封信，这个男孩上九年级，名叫托利亚。这封信是他在绝望中写就的。孩子在学校常常得四分和五分；在家帮助父母，什么活儿都干，比如擦地板、洗碗、洗衣服等。托利亚写道：“父母让我穿得好，吃得也好，不过只要给我添置新东西，总是数落个没完没了……”没完没了的责难，会使家庭环境变成真正的地狱。可是他们却说，父母所做的一切，是因为他们爱孩子，希望他好；说是在教育他，人活着就是为了成为更聪明的、尊敬父母的人。

我知道，还有一些像托利亚那样的家庭。孩子们在这些家庭往往痛不欲生。表面上看，似乎在一些家庭里，早已不存在社会上、道德上那种独断的土壤。实际上，那种独断是存在的。也就是说，有那种土壤，就有可能滋生出一些腐朽的东西来。

在那些家庭里，父母独断的土壤就是一种浓重的愚昧无知和利己主义的混合体。他们对待自己的孩子就像对待一件东西那样：我的桌子，我想摆在哪儿就摆在哪儿；我的女儿，我想要她怎样，就怎样去灌输她。

我知道有一位父亲，他独断专行到了何种程度呢？他给十五岁大的女儿、八年级学生买了时髦的鞋子和一件漂亮的衣服。他吩咐女儿要把鞋子放到做作业的桌子旁边，衣服也放在那里。他警告说：只有学期结业时，每门功课不低于四分，才能穿上那件新衣服和鞋子；只要有一个三分，就休想去碰那些新买的东西。

很难想象，还有什么比这种控制人的专横态度更叫人厌恶的了。

愚昧的父母们那可恶的专横行为，是让孩子打小曲解“人之初，性本善”概念的一个原因，不再去相信人和人性。在专横任性、吹毛求疵、无休止责难的环境中，小孩子会变得残酷无情。依我之见，这是在儿童、少年精神世界中最为可怕的东西。独断专行消除了正常家庭里让孩子产生善良、理智、稳重、谦让源泉的最重要的内心活动。这种内心活动，就是抚爱。在童年不知抚爱的人，到了少年和青年早期会变成粗鲁而又冷酷无情之人。

我常常听到一些父母那种焦虑而又百思不解的话语：儿子小时

候是那么的善良、懂事、听话，到了少年变得粗鲁、性格古怪，为什么会这样呢？对此，我绝对相信，这种现象产生的原因，就在于父母们不善于利用自己的权威，也在于迫使孩子意识、感受到独断专行是压迫他意志的一种凶恶力量之结果。

父母的权威应该是去鼓励孩子内心都想当个好孩子的内在力量。当个好孩子的愿望是每个孩子都有的，所以父母们在使用自身那极其微妙的工具（父母的权威）时，应该对孩子持谨慎态度，这样才不至于损坏那尚未坚固的、脆弱的心灵。如果您把权威变为专横、暴力，那么孩子的善良愿望就会破碎，孩子的心灵中就有可能产生令人担忧的东西。

您要去尊重孩子做个好人的愿望，也要去珍惜它在人心灵中是一种极其微妙的活动。不要滥用自己的权威，不要把父母的权威变为独断专行、刚愎自用，不要去摧残您孩子身上那善良的愿望。您要记住，您的儿子、您的女儿，和您一样也是人。一旦有人企图使他的心灵变成可以任意被玩弄的玩物的话，那他自然会起来反抗。

有些父母不知为什么会认为，如果孩子有一种好的“压力”，会学得好，能得五分和四分。依许多父母之见，对成绩的评分，同时也反映出对品德的评分。这种极其错误的认知，给孩子带来严重的伤害，有时简直就是在伤害他的心灵。把对学业课程的分数与道德面貌的分数混为一谈，就是残忍地、片面地追逐唯一满意的指标——分数的结果。这是学校教育的一大恶果。许多老师在同父母们谈到学生时，自始至终都在谈分数。所谈结果都是如此：分数好就是好孩子，未达到理想分数的学生，自然也就成为不及格的学生。

不明智的父母之爱第三种病态，是收买式之爱。有的父母确实相信，只要满足孩子们的一切物质需求，就算尽到了作为父母的职责。孩子有吃、有穿、身体健康，又有全部教科书和直观教具，似乎再用不着您操心什么了。这些父母认为，物质上的满足，足以体现出父母的爱，结果呢？却落个收买式的不好结局……

在这里，我们提到有少数父亲（的确有这样的父亲）患了难以医治的病症——精神情感冷漠症。实际上，他们不知道什么是父母之爱。为什么首先谈到父亲呢？因为在母亲们当中，这种人很少，她们与孩子之间的精神交往密不可分。道德情感上厚颜无耻，待自己的孩子冷酷无情，这远不是父亲的修养水平低所致，这是他们在教育孩子方面卑劣观点的结果。父亲在教育孩子上的错误，错就错在认为它是完全孤立的行为，与社会义务截然分开。

如果在这样的家庭里，母亲再不给予孩子足够的重视，没有成为孩子精神生活的中心，那么孩子就会被精神空虚与贫乏的氛围所笼罩。他们生活在人们中间，却又不了解人们，这对家庭来说，才是最为可怕的。因为孩子的心，对人的那些敏锐的情感，首先是抚爱、同情、怜悯、仁慈方面，完全感到陌生和难以理解，将让他们有可能成为情感上愚昧无知的人。对待这些孩子，学校的教育责任特别艰巨，应该在校园内设立情感教育的专门课程，这是教育理论与实践方面一个重要的问题。可惜，在教育领域里并没有这门课程，也无人去专门研究在学校内怎样培养孩子。要知道，这些孩子受到家庭的压力，在情感世界里已变得空虚、毫无个性可言了。此时的学校只不过是在关怀怎样“确保”孩子的好成绩。那么，真正的父母之爱，应该是怎样的呢？

手捧鲜花的人

真正的父母之爱应该是怎样的呢？为了使孩子成为真正的人，我们应该在子女心中留下什么呢？怎样才能使父母的爱在孩子心中燃起永不熄灭的感激火花呢？……

在育人的艰苦工作中，教孩子要看到人并理解人，这也许是一项最复杂的工作。父母应当去激发孩子们对周围的世界、对人所创造的一切，对他人，当然，首先是对人本身需要的一切，要有一颗敏锐的心。真正的父母之爱就应该是这样的。我坚信，在童年的心灵中培育出人的高尚品格，是从他对人的关系最富有人性开始的；要使这种关系变得高尚起来，必须建立在尊重人，首先是尊重母亲和父亲那种纯洁而崇高的情感之上。

孩子们只要跨进校门就是学生了。在学校生活的初级阶段，学校与家长们的联系，我要着重指出的是同母亲、父亲的联系，是具有重要意义的。学校的老师、校长每周同父母的个别谈话，提出的一些思考和建议，都是育人的一种创造性活动。我们共同去思考如何让孩子们去做那些应该从事的积极活动，为的是让孩子用心感受到他是生活在人们中间。

我们同父母们在一起，目的就是要使学校在低年级学生学习时期，成为亲情的学校。在这所小学里最有价值的一门课是创造美——关心他人之美。凡是能给孩子带来美好、享受、欢乐、满足的东西，都具有神奇的教育力量。孩子们要为家庭、为母亲和父亲、为他人去创造美。

每年秋天，许多家庭里都要举办玫瑰节。我着重讲述玫瑰节，它首先要在家里举办，然后才是在学校里举办的节日。

在秋季玫瑰节这一天，每个孩子都要在父母的宅院里栽种几株玫瑰。我们给孩子一些幼苗，对他们说："拿去吧，把它栽上。好好照料这些玫瑰幼苗，它会创造出美，给你的母亲、父亲、奶奶、爷爷带去欢乐。"

孩子栽下玫瑰幼苗，迫使他常常记住要去做地里的活儿，该防寒啦、该松土啦等。若是他不大习惯去关心地里的活儿，也缺乏坚持不懈的那股劲儿，结果，正如老师所说，那香气袭人的玫瑰花，就离他远去。孩子往往不善于耐心等待，也缺乏不达目的不罢休的精神。因此，这一点我们应当去教他，在劳动中教他。

哦！第一朵玫瑰花蕾出现了，又有第二朵、第三朵……玫瑰花蕾相继绽放：红色的、粉红色的、蓝色的、深蓝色的花朵迎着太阳盛开。这个时候，在孩子的眼里会迸发出无与伦比的欢乐之光。他们感受到的那种欢乐，远不同于收到父母送的礼物时的那种欢乐，不同于休闲自得的那种欢乐，也不同于即将出去旅游时的那种欢乐。

这是为最亲的人——母亲、父亲、奶奶、爷爷造福的一种欢乐。这种乐事触动着、激动着孩子们的心，因为这种乐事就是一种美。孩子们总是激动地等待着玫瑰花蕾绽放的那一刻。此时，他可有耐心去等待了。如果有别人采摘了准备送给母亲的鲜花，对孩子而言，就是一种灾难。

在我看来，再没有比看到孩子们摘下玫瑰花，送给母亲那一刻眼里所流露出的幸福更幸福的了。那一瞬间孩子们眼里迸发出的是人性的纯真目光，闪烁出一种发自内心深处的欢乐——为他人造福的一种欢乐。

“手中有花，做事不差。”对于父母之爱应该在子女心中留下什么的问题，索洛乌欣（苏联作家）的这一精美诗句做了回答。

亲爱的父亲们、母亲们，我们的爱，应该成为吹进儿童心灵里的一股股清风，化作关心父母和所有人的火花。这种火花也曾是我们努力使小孩子成为善良、精神高尚的人所燃起的那种火花。

孩子在学校生活的第一年已过去，正步入第二年时，我们就和孩子们一起建立感恩园。这个感恩园是专为在土地上辛勤劳动了四十、五十、六十、七十年，甚至有的干了八十年的老年人而建的。为建感恩园，特地找了一块荒芜贫瘠的土地，加以施肥，再去栽上葡萄、苹果、梨、李子等树。干这活儿可不轻松，为了唤醒土地成为生命之源，需要运来几十吨沃土。然而这项劳动却受一个崇高的目的所鼓舞，那就是我们要给人们带去欢乐。所以，这项劳动的欢乐是无与伦比的。

待到第一批果子成熟时，孩子们要把同村的那些受人尊敬的爷爷和太爷爷们请到感恩园里。亲爱的父母们，您要引领自己的孩子顺着这条道德发展的小路走下去，使孩子的劳动充满崇高的精神。您会看到，每当孩子们摘下感恩园里的果实，并送到在大地上工作了半个世纪的老人面前时，那一刻将在孩子心目中留下永不磨灭的痕迹，他仿佛登上自身道德发展的第一座高峰。

孩子们在感到无私地做好事的欢乐时，也获得一笔宝贵的精神财富，即在他心里会感觉到同学、朋友、生活在一起的家人在什么时候、什么地方该去帮助。孩子会体验到做善事的需要、他人的需要，马克思曾把这种需要看作自由人最伟大的精神财富。这时，孩子就会成为对周围世界，对人们，对各种行为、事件和人们之间相互关系方面非常敏锐、非常关心的人。只有那些体验过为他人做好事而感到欢乐的孩子，才会对母亲和父亲的伤心和痛苦表示关心啊！他们才会感到因工作而劳累的母亲和父亲是需要休息的，需要家中保持安静、安宁和清洁，需要美——这都是应该给予母亲和父亲充实精神生活的一个重要条件。那些认识到为人们做好事而欢乐的孩子们，就会用心去感受由于他们的不良行为、不好的成绩，会给母亲和父亲带来苦恼，给最亲近的人、亲爱的人带来悲伤，这一点对一个有爱心、富有同情心的孩子来说，无疑就是一种无以承受的恶劣行为。

诚挚而富有同情心的孩子，即使做了乍一看并非不良行为的事，他也会感到自己做了坏事。比如有一次，四年级学生科利亚就曾对我说："我妈妈有心脏病，我应该好好学习。"那孩子觉得，如果在他的计分册里出现不好的分数，母亲的心会悲伤的。他希望母亲安宁，他知道用自己的努力可以抚慰母亲的心，不能给母亲带来任何的不宁。

每一位父亲、每一位母亲隐藏在心里的夙愿，就是希望孩子好好学习。如何激发孩子们好好学习的愿望呢？就是要孩子给母亲和父亲带去欢乐，让这一点成为他们愿望的源泉。孩子心中的愿望，只有在孩子为他人做好事而感到欢乐时，才会在他的心中有所感悟。我深信，只要唤醒孩子去为他人做好事，在他心中确立对周围世界的敏锐、用心去培养认识他人精神世界的能力，使孩子达到好好学习的目的是有可能的。

我想起了一位小姑娘的故事。

小姑娘名叫卓娅，母亲对她非常疼爱，放任她的一切任性要求。可巧，她母亲病了，得的是慢性而又消耗精力的病，病情时好时坏。我们认为本校一个最重要的教育任务，就是要让孩子那颗敏锐的心，能读懂人的眼神、说话的语气以及一些动作中饱含的痛苦、苦恼、忧伤和坏情绪。然而，要在那些精神上养成毫无感情的孩子们身上去唤醒这种敏锐性很难。

卓娅所在的班是三年级。这个班准备去第聂伯河旅游——五日游。卓娅的母亲得知女儿要去旅游，便去学校询问旅游路上需要准备些什么东西。她虽然有病在身，还尽量装出没病的样子。我千方百计地劝说那位母亲：卓娅在这种情况下，决不能丢下母亲，她哪儿也不能去。我把卓娅从教室里叫了出来，并对她说她不能去旅游了。小姑娘听后大哭起来。

我说：“难道你没看见你妈妈的现状吗？要知道她病得很重。她硬撑着装成健康的样子，难道你没看到？”

小姑娘卓娅用一种困惑不解的目光看着我。

“我怎么会知道这个呢？”卓娅用淡漠的口吻说，“母亲可没说她有病还是没病。”

卓娅不能与同学一起去旅游，这一点她很不高兴。按常理说，她绝不该丢下母亲不管，可她的心却一点儿也没有悟到，这就是不幸所在。我花了不止一年的时间，去唤醒小姑娘的心。说来也真奇怪，她的那颗心怎么就变成石头了呢？我教她去注视人的眼睛——这是人心灵的一面镜子；还去教她学会体察人生百态，是什么使人高兴，又是什么使人痛苦。

有一次，我和卓娅一起来到农庄甜菜场女庄员干活儿的田里。这个小队共有八个人。我告诉卓娅，在这些妇女当中有一位母亲，她有三个儿子都在前线英勇牺牲了。不管过去多少年，这种悲伤永远不会在母亲的心中消失，而每一个人，只要有一颗敏锐的心都能从母亲那双眼里看出她的悲伤，也能感受到她内心的忧伤。卓娅结识了英雄的母亲，那一天，在她心里留下了终生难忘的痕迹。现在她已不是冷漠的女孩了，成为一个富有同情心、真诚而又关心人的好女儿了。她几乎每天晚上都去陪伴母亲，不让她一个在家，力求尽可能给她带去欢乐。

现在卓娅长大成人了，出嫁后又有了儿子。去年秋天，她怀着激动的心情来到学校。

她气喘吁吁地对我说：“我们快去吧，那儿有一个人需要帮助。如果不去帮他，会出危险的。”她稍微平静一下，又接着叙述：“在密林里一个树桩上坐着一位悲痛欲绝的老人，他佝偻着，俯身大地，什么也不去看，什么也不去听。在他眼里充满痛苦和绝望。要赶快到那里去看看。”卓娅结束了自己的述说，我们便急忙赶到了森林。

安德烈老人原来是我们村的一位住户，曾遭遇了极大的不幸：就在三天前，他刚刚埋葬了自己的妻子；他的兄弟和儿子也都在前线牺牲了，现在他没有一个亲人了……我们把老人送回家，他不愿进自己的家门，生怕一个人过孤苦伶仃的生活。于是，少先队员们每天都到老人那里去。卓娅和老人成了好朋友，也和那些来看望安德烈爷爷的孩子们交了朋友。在老人的住房旁边，孩子们开辟了一个玫瑰花苗圃。有一次，安德烈爷爷对我说：“如果没有卓娅和那些孩子们，恐怕我早已不在人世了。”

父母们！我们要在自己的子女心中留下什么呢？这个问题您要经常扪心自问。我们要在自己子女心中留下的是劳动人民历经千难万险、艰苦斗争创造得来的那些道德财富，即人的最高尚品德。我们要永远记住，在正在建设共产主义的社会里，有一种最崇高、最荣耀的创造，那就是创造人。

致父亲们的一席话

父亲们常常在冬季晚上到学校见我们。老师们同他们讨论关于家庭中男人崇高使命的特殊话题。这类谈话具有重要意义，因为父亲在培养孩子方面的作用是与众不同的。

事实上，孩子是多么希望他的父亲是一位个性坚强、表现出众而又富有责任心的人啊！假如每一位父亲知道和懂得孩子对父亲的巨大需求——就是多么想在他身边能有一位聪明而勇敢的男子汉，那该有多好啊！

20世纪50年代初，有两个关系要好的二年级女生，在我校学习。

其中一位名叫娜塔沙，父亲不在了。当姑娘还小时，她常常问妈妈："爸爸在哪儿？"妈妈沉默不语，有一次，竟大哭起来……

后来，娜塔沙上了中学后，就再也不提关于父亲的问题了。

她有位女友叫娜斯佳，既有母亲，又有父亲。有一次，娜斯佳到娜塔沙家去做客，随口问道："你爸爸呢？"女孩羞于说出她没有父亲，便回答说："我的爸爸是飞行员，他在飞……很少在家。"随后，娜塔沙每天从母亲给她的午餐费里省下一点儿钱……有一次，她坐上公共汽车进了城，买了一顶飞行员戴的帽子……若是在姑娘的学生手册里出现较差的分数时，她就会对女友说："哎呀，叫我怎么跟我爸爸说呢……"话里流露出的不是畏惧，而是骄傲……

娜塔沙长大了。她现在有了自己的家庭，有丈夫和两个女儿。记得有一天，当这位年轻的母亲第一次领着大女儿来上学时，她说："您想象不到，我在童年时多么需要有一位父亲。我在自己的想象中创造了一位父亲，这样活得就更轻松一些。我想象中的父亲是善良的，但又是严厉、对我有要求的人。我多么希望，他能有一次拿起我的学生手册，然后说：'哎呀，我的女儿，你手册里记的是些什么呀……'尤其在我生病的日子里，心情特别沉重。我是多么期待有个高大、强壮的人走到我的床前，用手抚摸着我的头，并高兴地对我说：'女儿，没什么，很快就会好起来的……'"

我知道，很多孩子的父亲是在伟大卫国战争的前线牺牲的。这些孩子已长成大人了。直到现在，他们还把父亲遗留下来的东西视为珍宝：肩章上的星星、皮带、手帕、钢笔、烟荷包、皮包等。

我在任何时候都不会忘记那个小谢辽沙。他的父亲是在喀尔巴阡战役中牺牲的。母亲收到用蓝色信封装着的阵亡通知书后，哭了很久。

战争结束了，战士们从部队复员回来了。

有一次，在一个炎热的夏天，一位长着白须的战士走到谢辽沙母亲的院子里，他讲起她丈夫牺牲的事迹。然后，那位战士走到谢辽沙跟前，对他说："你的父亲是位机枪手，死于法西斯的枪弹下。在他牺牲的地方，我只找到了我的忠实战友的一把勺子。"他说完，便把勺子交给了谢辽沙。

许多年过去了，谢辽沙也成了一名士兵。入伍时，他随身带着父亲的遗物。他服役三年，那把铝勺子一直是他形影不离的伴侣。现在，谢辽沙也生了三个儿子。他们爷爷的那把勺子就放在家中最显眼的地方，而且我坚信，这把勺子会永远存放下去。

如果我们去评价父亲的道德面貌，以及他成为自己孩子学习榜样的才能，衡量其公民觉悟的首要一点，就是看他对自己子女所承担的责任。

家庭中的关系历史形成就是这样。父亲为子女的健康、平安、幸福所付出的劳动，是他道德面貌的集中反映。一个男人，越是期望、愉悦地承担起这份劳动，他的道德面貌就越高尚，也就越值得成为自己的子女效仿的榜样。

对孩子而言，父亲就是他最亲、最爱的男人。父亲对孩子的出生、孩子在生活中每一个行为举止，都负有责任。父亲本身，就包含有与母亲共同创造新人并使之道德完美的伟大使命。

要使所有的父亲明白：儿子的服从、听话和遵守纪律的程度，取决于父亲的责任程度。父亲服务于人民，对亲爱的祖国忠诚，就是孩子们的骄傲。他们珍惜父亲为人民所做的奉献和将要去做的奉献，他们珍惜父亲用自己的心血和智慧为祖国物质财富和精神财富而付出的那种精神。

民间流传这样一句话："儿子应该有其根。"父母之根、父母的业绩、父母的荣誉，不应该成为儿子赖以生存、坐享其成和特权的资本。如果儿子没有这种根，就有可能在父母的根上长出飞廉草。父亲对社会所做的功绩越光辉，儿子就越需要自己有光亮。这光亮可由父亲去点燃，父亲可以用自己忠于崇高社会理想之火，用为实现理想付出自己的劳动之火去点燃。

教师们在自己的教育工作中，力求使每一个学生都能在自己的父亲身上看到和发现他们所创造出的并非一时的人的价值——这是家庭的骄傲和尊严。认识父亲身上所具有的道德财富，是获得公民荣誉感必不可少的一课。

下面就是两节这样的课。

正当一个学年结束时，父亲对彼佳说："儿子，今天到我的田地去一趟。""难道您有自己的田地？"儿子问了一声。"有。"

他们乘火车、公共汽车，一路走了很久。终于到了一片森林。沿着林边一眼望去，是一片广阔而平坦的田地，地里长出金灿灿抽穗的小麦。

"这就是我的田地，"父亲说，"当初我在这里跟法西斯分子打过仗。就在这块田地里，我流了血……你看，就在那儿，我负伤时就躺在那儿……”

儿子用沉思、严肃而又全新的目光在看着这块与往常似乎没有什么不同的田地。看着，看着，就在一瞬间，彼佳懂得了自己为人民服务意味着什么。就在那时，他在自己父亲身上看到的是一位忠诚的保卫者、一个勇敢的人。如果每一个孩子，在看了这块田地之后，都能像彼佳那样以敬慕的眼光看着父亲，我相信，就再也不会出现不听话、不尊敬的现象了。

再看另一个例子。

二年级小学生皮利普科的父亲，也同法西斯分子打过仗，荣获过“战斗功勋”奖章。他的父亲曾在一个冬季的傍晚，给他讲述战争的艰苦历程，讲在雪地里和泥沼中奋进的事，也讲战士的英勇事迹。

“这枚勋章是多么艰苦才得来的呀……”有一次，皮利普科在躺着的时候说了这番话。不久后，学年结束了。皮利普科把一本厚厚的有精美插图的书带回家——这是因学业成绩优秀而授予的奖赏。妈妈翻着书看，脸上露出微笑。可是皮利普科却一声不吭。

“怎么啦？学校奖励你，你为什么不快乐呢？”母亲惊异地问。

“因为这并不很难……”儿子回答说。

这里值得我们去沉思的，不仅是那些父亲们，也包括我们教师在内。有时，我们很少去关心，如何在孩子们的意识中把“艰难”“美好”“应该”三个概念融合在一起。尤其在培养孩子们对长辈，特别是对父亲那种爱和尊重的情感时，教师们真应该非常敏锐，并要有分寸。

有一次，正在上课，一位女老师按着顺序向一年级学生询问有关他们父母的情况。孩子们回答，老师记录。当听到老师询问邻座同学的父亲时，彼佳的脸色变得煞白。

原来就在前一天，男孩彼佳放学回家时，在茶馆旁边遇见了自己的父亲，他俯身在栅栏上，一双醉眼发直地望着道路。“爸爸，咱们回家吧！”彼佳当着许多过路人的面儿劝告父亲，这时孩子在众人面前也感到莫大的羞愧。

拖拉机在田野里隆隆作响，阳光格外明媚。世界似乎是那样幸福而宁静。但小彼佳却为父亲的酗酒而伤心流泪。他还在等待老师的询问，不由得直冒冷汗。在这种情况下，对于一个小小年纪的孩子来说能感到幸福吗？我们是否能经常想到，在这一刻，小小年纪的人也会对一切光明、欢乐、正确的东西丧失信心。如果孩子对正确的东西失去信心（“正确”一词，是从一个少年关于家庭不幸的叙述中借用来的），就不可能去谈什么有价值的教育。孩子只有在他有信心时才是幸福的。在孩子出现不听话、没礼貌、粗野的行为时，也正是他信心破灭之时。

假如有人问我，教育工作中最难的是什么？我会回答，是跟孩子谈其父亲和母亲。这里哪怕有一点点疏忽、小失误、做法不当，都会导致极为有害的后果。

教室里一片寂静，孩子们都在描写秋天。“米佳的爸爸进监狱啦！”突然传来一个孩子的喊声。帕夫利科跟米佳是邻居，就在前一天，他的妈妈说米佳的爸爸被判了刑，对这样一个令人震惊的消息，他是做不到守口如瓶的。

我对这突如其来的消息，思想上一点儿准备都没有。米佳的脸唰的一下红了，他正在描绘雨的铅笔，在手中发抖。

“对于这一点没什么可奇怪的！”我对孩子们说，“你们一定知道米佳的爸爸是位镶玻璃工。你们还记得他在咱们学校镶过玻璃吗？监狱里的玻璃窗坏了，米佳的爸爸到那里安装玻璃窗去了，不过很快就会干完的。”

米佳的眼里流露出感激的神情。

教师的使命，就是要保护儿童的心灵。一旦在孩子面前发生这类不幸，就仿佛是一把锋利的尖刀，会让孩子陷入惊恐之中，变得麻木。须知，孩子是不愿让人知道自家那些隐私的。一旦被暴露出来，孩子那种恐惧、麻木的情感也会自然表现出来。

这就是为什么我要对父亲们说：“您要知道、要切记，孩子们感受到您的堕落，就是他们的痛苦；您的欢乐，就是他们的欢乐。您要珍惜孩子们对人的爱！要让孩子们把对人的信赖变得更加牢固！”

我们要在孩子身上延续自己

民间有一条道德箴言："好儿父母荣，坏儿父母伤。"早在远古时期，人类就有在精神上、道德上渴望为人父亲、母亲的激情，把为人父母看作要达到的最高幸福。这种激情，就是要在自己的孩子身上留下痕迹，在孩子身上延续自己的生命，并确认由前辈们所创造、积累的，由我们自身点滴经验所创造的那些道德财富，一代一代传承下去。

这不是传说，而是发生在第聂伯河边一个古老村庄里的真实故事。

村子里住着一位非常老的老妇人。她生了五个儿子和七个女儿。每个子女都有自己的孩子，他们的孩子又都有两到三个子女。唯独一个叫薇拉的孙女，出嫁好几年了，就是没有孩子。

在一个温暖的夏天，这位女始祖——全族人都这样称呼她，已一百零七岁了。她的子子孙孙们都来祝贺她的生日。在苹果园里，大家围坐在她周围，祝她健康长寿、精神旺盛、思维清晰、目光敏锐。女始祖朝整个家族环视了一下，大家都来了，就是没见到薇拉。老人心里一时不畅，她刚想去问："为什么薇拉没有来？"就在那时，有位邻居突然跑过来，向女始祖问候一声后，便说："薇拉生了一个儿子。"

女始祖轻松地舒了一口气，脸上露出一丝笑容。接着她一个个望着子孙的眼睛、最后平静地说："我要死了。"于是，这个世界上最幸福的人去世了。

许多年来，我每天都要与父亲们和母亲们交谈，也就是同那些怀着惊喜的心情告诉我要生孩子的那些人，同他们的孩子——未来要当母亲和父亲的那些人进行交谈。我非常珍惜那些父母们到我这里来讲一些欢乐和忧愁的事，甚至把困扰自己精神上的那些隐藏的秘密也能告诉我。年复一年，令我更加坚信，做父亲和母亲，就是人的第二次诞生。我毫不夸张地说，一个人做了父亲、母亲之后，对育人这一伟大举动在道德上做了充分准备，才配称真正的人的诞生。

我在任何时候都不会忘记，令我受益匪浅的一件激动人心的事情。

我校有一名学生，名叫斯捷潘。他在老师的印象中，非常淘气、调皮捣蛋，可又是一个善良、有热心肠的人。许多年后，斯捷潘长大了，结了婚。在我们的记忆里，他过去的那些形象，渐渐地淡薄了。可是，有一天，我们有五位老师正在教师办公室里坐着时，门开了，一脸激动而又欢乐的斯捷潘走了进来，没戴帽子，手里拿着一瓶香槟酒。请我们原谅他的突然闯进，语无伦次地解释着他来的原因。

“我今天太高兴了。我从医院把我的妻子和女儿接回家了。今天，亲爱的老师们，我的内心仿佛阳光照耀般亮堂堂的。我明白了，真正的人，是对他人有责任的人。这也使我联想到我的学生时代。每当我看到孩子的小脸儿时，仿佛眼前浮现出了我自己。我曾给老师们带去多少忧伤的事啊……请原谅，我那时就是个不懂事的人。现在，我知道了您劳动的价值。您教的是怎样培养人……咳！这道理您比我知道得多……”

然后，他还说，他和妻子商定给女儿取的名字，就是他第一位女老师的名字，也叫奥尔加·彼得罗夫娜。我们一起从学校出来，去祝贺那位母亲。

一天天过去了，一周一周又过去了。斯捷潘常常带着自己的问题来找我，问他们教育自己的孩子方法对吗？您看，她已经半岁了，已学会迈步了，也会牙牙学语了。我对他提出的问题和他的心情由衷地高兴，但更高兴的是他有了责任感。“不管我在哪儿，我在做什么，我都牵挂着家，牵挂着摇篮里的奥尔加。”斯捷潘向我述说了自己的情感。“这仿佛有人在我心中敲响警钟，如果你长久不在家，家里就会出事的……”

每一次，年轻的父亲和自己的妻子带着欢乐、忧伤和关切的问题来找我时，我都要问：“怎么样啦？”父母的最大欢乐，是奥尔加爱上了曾祖母玛丽娅。奥尔加还能帮助曾祖母做事，而曾祖母对曾孙女的帮助看得很重。“我们在干活儿”“我们在忙事”“我们困难了”“我们累了”“我们在休息”等，这些饱含深刻含义的话语，是奥尔加在与曾祖母的交往中学会的。这些话本身带有与可爱的人交往所需的爱、信任、欢乐的情感色彩。我了解了这个家庭教育孩子的情况，而且观察到孩子是通过劳动认识世界的，并由此认识了一些事物和现象，在儿童心中形成了道德价值，对此我特别高兴。孩子对周围的一切都抱有一定的看法，而且从小就有爱憎分明之感，令小孩子不能容忍的就是那些无所事事、懈怠之人。

当老奶奶卧病在床，奥尔加第一次感到人有不幸的时候，独自一人哭了。有一次，这位年轻的父亲一大早跑来激动地说：“怎么办呢？老奶奶快要死了。如果不让五岁大的奥尔加目睹快要死的亲人，这样做对吗？”我当时建议，绝不该让孩子脱离人的世界。认识生活是从认识人开始的。孩子来到世上，第一眼看到的是母亲的眼睛，看到的是微笑、欢乐和太阳。珍惜生命的欢乐，则意味着去爱护，要把生命看作无与伦比的珍宝。生命火花之熄灭，爷爷奶奶的衰老病死，也是对孩子们的一种教育。

如果你们做父母的，力求使你们的孩子成为一个好人、珍惜自己的品德，力求使父母的话语和意志成为孩子不可违背的准则，那你们就要让孩子在童年时期看到生命之树的全貌——从细嫩的树根直到枯死的、脱落的干枝。

要了解生命、珍视生命、珍惜生命、爱护生命，使人格不被沾染、玷污，蔑视和仇视那些令人厌恶的东西，这就是我极力向母亲们和父亲们推荐的教育之道的中心内容。每当未来的父母们在家长学校上第一堂课时，我都要给他们讲下面这个真实的故事。

这是很久很久以前发生的事。在乌克兰的一个村子里，姑娘、媳妇们各个欲大显身手。大家商定好，在星期日，都到村里的一个广场集合，每个人都带上自己亲手制作的拿手好活儿，比如：绣花面巾、钩花织物、亚麻布、台布等。星期天到了，姑娘、媳妇们把自己心仪的东西全带到了广场上。当时，被公众尊称为能工巧匠的长者们，看得眼花缭乱，纷纷称赞："有才干的姑娘、媳妇们怎么这么多呀！"

富人家的媳妇和女儿们带来的是用金线、银线缝制的丝绸罩布和镶着金边的窗帘，上面还绣着栩栩如生的花鸟。但是，出乎大家的意料，一个穷人家媳妇玛林娜成为胜利者。她带去的不是面巾，也不是花边，尽管这些东西她也能做得很精美。她带去的是七岁大的儿子彼得鲁西。彼得鲁西带去的是他亲手用木头制作的一只云雀。小男孩把木刻云雀放到嘴边，刹那间，木刻云雀像真鸟一般唱了起来。广场上所有人都屏住呼吸，站在那里聆听。突然，就在广场上高高的空中有一只活云雀，伴随来自大地的歌声在唱着。

"只有能创造出聪明、善良而又勇敢的人，才是最好的能工巧匠。"这就是老人们所做的结语。

在一个家庭里，父母在塑造儿童心灵、启迪智慧方面，往往可以书写出最为睿智、最为复杂而又十分质朴（每位父母都能接受）

的一页——这就是我们大家所说的社会教育。社会，就是用一小块一小块砖——家庭建筑起来的巨型大厦。只有砖结实，大厦才坚固；如果砖不结实，必须设法挽救，否则社会就很危险。这种不结实的现象，常常表现在父母的不负责任上。如果您没有儿子，您就只能自己负责自己；如果您有孩子，您就是负有三倍、四倍、千百倍责任的人。我们力求把这一理念贯穿到全部的家长教育工作中去。在您给予新人生命之时，仿佛就把自己的名字写入了本国人民的史册里。

父母对子女不负责任、漫不经心，这是人性的一种缺陷，其根源在于歪曲了生活中关于幸福和欢乐的概念。那些不能在自己孩子身上延续自己的人，就会忘记这一点，待他年迈时等待他的一定是孤独。

老年的孤独，是个人最可怕的不幸。有一种人，别看他在年轻时过着花前月下、悠闲自在的生活，到老年时往往孤苦伶仃，对这些人只要您用心去探究他们的内心世界，就会知道其不幸所在。

无忧无虑的青年人啊，请您读一读吧！父母们，甚至有个别人，偶遇路上新鲜而芳香扑鼻的“花朵”，竟会把多年深爱着的妻子抛弃，甚至连尚在摇篮里的孩子也不顾。您读一读吧！这是我亲身接触过的一个真实的故事，在这里原原本本讲给您听，只是不说出真名。

有一个三口之家，家中有母亲、父亲和儿子。儿子不满一岁时，父亲就离家出走了。他是偷偷走的，没说他去哪儿，也没有说为什么出走。

家里只剩下母亲和儿子。母亲过得不易，一大清早要带儿子上托儿所，然后自己要去上班。

儿子大了一点儿，母亲不再抱着他上托儿所，而是领着他上幼儿园了。这时候儿子得知，其他孩子不但有母亲，还有父亲。这一发现触动了小儿子的心。他问妈妈：

“为什么别人家的孩子有爸爸，而我没有呢？小朋友们都说，没有父亲是生不出孩子的……这话对吗？”

“是的，没有父亲是生不出孩子的。”

“这就是说，我有父亲？”

“是的，我们家曾有过父亲，不过他离家出走了……”

“为什么就走了呢？”

“他不爱我们，所以就走了……”

“什么意思啊，什么叫他不爱呢？”儿子问妈妈。

母亲尽可能去解释，可三岁大的孩子似懂非懂，于是母亲又说：

“等你长大一点儿，你就会懂的……”

又过了一年、两年。五岁大的儿子问妈妈：

“妈妈，我爸爸爱自己吗？”

“他呀，他爱自己比爱我们还少。他不仅不爱自己，还不尊重自己……”

“什么叫不尊重自己呢？”

母亲试图解释，可五岁大的孩子还是理解不了这类复杂的事情。

又过了一年、两年。七岁大的儿子又问妈妈：

“妈妈，尊重自己是什么意思呀？”

“就是说，人，生在大地上，要在自己孩子身上延续自己。谁不愿意在自己孩子身上延续自己，那他就不想成为人。”

“难道他，我的父亲，就不懂得这点吗？”儿子吃惊地问。

“他只有到老了的时候才会懂得。”

在儿子满七岁那年，母亲改嫁了。有一次，母亲单独找儿子，对儿子说：“这个人爱我，我也爱他。如果他喜爱上你，你也喜爱他，也许你就会成为他的儿子，而他就会成为你的父亲。可以先不叫他爸爸或叔叔，这当然不太礼貌，那就直接称他为‘您’吧。”

母亲的第二任丈夫，是个心地善良、热心肠的人。但是男孩在他面前不能敞开心扉，因为他不信任他。“既然生我的那个人成不了我的父亲，那么这个外人怎么能成为我的父亲呢？”男孩左思右想，这些念头使他感到沉重。

儿子病了，日日夜夜处于昏迷状态，只是偶尔恢复意识。有一天夜里，男孩自我感觉好些了，便睁开眼睛，看到继父在他面前。继父握着男孩虚弱的小手，在哭……男孩闭上眼睛，他想让这一刻永久延续下去，一分钟、两分钟、三分钟过去了，继父还在抚摸着他的手。男孩感到一种幸福而激动，他的心突突在跳。这时，男孩感到继父是在期盼他早日恢复健康，他不能再闭着眼睛躺着了，他睁开眼，微笑着说：

“我叫您爸爸，好吗？”

又过去了许多年，在这个幸福的家庭里，遭遇了一场可怕的不幸：母亲身患不治之症卧床不起。她一病就是十年，这些年全靠丈夫和儿子悉心照料。就在儿子满二十三岁那年，母亲去世了。后来，儿子结了婚，他也有了儿子。这时，他的继父也老了，成了一个体弱多病的人。儿子热心而忠诚地爱着他。每当吃午饭时，继父不在就不开饭。家里任何事情也都要征求他的意见才做决定。

突然有一天，家里正在吃晚饭的时候，有人敲门，进来一位老人。

“认识我吗？”

“不认识，我不认识您呀。”

“我是你父亲。”

儿子恍然大悟。回答说：

“您看，这位才是我父亲……而您，在我面前不过是一位老人。”

“你可是我亲生的儿子呀，”老人恳求道，“留下我吧！”

“好吧，您就住在我家吧，”儿子说，“不过我不能像爱父亲那样爱您、尊重您，更不能称您为父亲。”

就这样，他们一起就在一个大房子里住下了，房子周围有苹果树、樱桃树围绕。

到了夏日，全家在果园里围坐在小桌旁，阵阵欢声笑语传了出来。唯独那位来找儿子的老人，坐在屋子窗前，低垂着头在哭泣。

父亲们，您好好深思这个故事吧！准备步入婚姻的年轻人，您也好好去沉思吧！创建和巩固家庭的精神力量是爱，是父子之间、母子之间那种相互忠实、忠诚之爱。当然，爱并非是外界某个地方带来的一种灵感或灵光一现，爱是一种巨大的劳动。伟大的思想家和艺术家陀思妥耶夫斯基写道：“家庭是用孜孜不倦的爱的劳动建立起来的。”

爱的劳动是一种有理智的渴望，其本质就是在孩子身上重塑自己，延续自己内在的精神之美。如果您真正地爱自己的孩子，如果您忠实于他们，那您对妻子的爱，不仅不会随着岁月的流逝而减弱，反而会更加真挚和专一。爱是由成熟而生成的娇柔、脆弱、任性的孩子。要在自己孩子身上延续自己，意味着要用一颗成熟的爱心去投入爱之中。

要把自己留在人中间

你现在是孩子，你会长大成人的

你七岁了，已经上学了，可你的母亲和父亲还把你看作小孩子，认为你是个没有自卫能力的人。确实，你需要大人们经常照顾、操心和帮助。在当今复杂的世界里，你是非有他们不可的。你现在是个孩子，但不要忘记，十年后毕业了，你会成为大人的。过了十个春秋，你就不再是七岁大、不懂事的孩子了，而是成为一个独立的劳动者、一个战士、未来的父亲；那么女孩呢？十个春秋之后，就可能要考虑生儿育女的事了。这十年，对于一个七岁大的孩子来说，似乎是难以想象的一段艰巨的生活。事情就是这样，而且应当在孩子的头脑里有所反映……不过，对于你们的老师而言，十年并非看起来那么长……他知道，那棵与学校同龄的老椴树，过了十年并未变老，而在青年时代栽种的那株葡萄，仍如今天那样枝繁叶茂。

要善于想象自己的成长时期，这会帮助你成为一个真正的成年人，即你的母亲、父亲、老师，在千方百计地造就你成人。但是，你应当记住，你将成为什么样的人取决于你自己的努力，取决于你的自主性，而且这种努力和自主性应当逐年增长。我作为你的老师，毫不夸张地对你说这番话：你将成为什么样的人，你的才能将如何发展，在你的身上将显露出什么东西，这一切正是取决于你在童年时代的活动。要珍惜来自大人各方面的照顾和关怀；要感谢他们，同时也要千方百计地、尽快地摆脱他们。不要惧怕成年后的劳动和成年后的困难。总之，你不要怕任何困难。你引以为荣的，是你学会做个顽强的人、刻苦耐劳的人，而且在热爱劳动、顽强性、自觉性方面你已接近大人了。

是否应当向孩子讲述这一切呢？多年的教育经验使我深信，把孩子总是看作小孩子，这是学校教育，特别是家庭教育的一种不幸。正是由于把“今天是孩子，明天就会成为大人”这一点给忘记了，常常带来令人不愉快的意外之事。培养孩子成熟，这是道德素养的整体性问题。一个人在智力上、道德上、创造性上的形成，仿佛就融合在这一问题之中了。这种教诲不仅是对七岁大的孩子而言，应当是年复一年地去讲它。但首要谈及的是培养孩子具有创造性才能，这一点特别重要，目的在于使每一个人都能展现出才华。决不能把这个问题看作狭隘的心理问题。

一个人的幸福，归根结底取决于他具有什么样的才能，取决于在他身上显露出的某方面才能，并将闪耀其一生；个人的幸福，某种意义上，就是社会的幸福。如果一个人从童年到少年、青年和成年，都是一知半解的人、失败者，没有任何才干的话，构造一个和谐的社会是不可想象的。才能的形成和发展，这是道德广泛方面的问题。一个人的才能是从童年就开始形成的，多年的经验令我信服这一点。为了使孩子在意识中达到思想成熟、精神成熟，最重要的就是要教会孩子去思索成熟方面的问题。

在每一个心理健康的孩子头脑中，已为创造性才能得到广泛的发展奠定了可能性。天赋为每一个正常的头脑打下了必要的、充足的根基，使每一个人都能成为创造者。在孩子身上将展现出什么样的才能，这取决于一个人在幼年时（具体地说，是入学前两三年和学校教育头两三年）的活动。同时，孩子本身对待这种活动的态度如何，取决于成年人能在孩子的思想意识中唤起并树立思想成熟、精神成熟到什么程度，这是具有非常重大意义的。

这就是为什么必须有这样一条激励孩子们去思考成年时代的道德教诲。

人与其他高等动物之区别，在于人脑的“成熟期”持续时间很长。儿童大脑的成熟期，是在儿童紧张、活跃、丰富的精神生活背景下逐渐形成的。看上去，似乎是无法比拟的奇迹，其实不是天赋的奇迹，而是真正的人创造的奇迹。儿童是在一天天生活着，一天天成长着，他有欢乐，也有忧愁；他会笑，也会哭；他有爱，也有恨。然而，他又仿佛还没有真正诞生在人世间似的，这里指的大脑成熟期正是大脑具有最大可塑性之时。在这一时期，儿童不仅对外界环境尤为敏感，而且对自己“尚未最终长成”的机体本身此时该做些什么、对怎样在思维中反映外部世界、怎样去观察周围世界也尤为敏感。于是，我们所应关心的就不单单是孩子本身，而是要关心奠定未来基础——人的各种能力基础的——大脑。那么，我们称之为“天然赋予”的大脑，是在母胎里形成的一种有生命的物质，而真正生机勃勃的生命，只有在大脑成熟过程中出现最大可塑性的成熟期才开始。

父母的教育智慧，就在于使孩子在大脑发育最大可塑性时期，去激励他们参与最有兴趣的、对大脑有影响的活动中去。教师的工作，就是把父母的这种智慧自觉地集中起来。

从一定意义上来说，孩子是软弱无力的，不能没有我们的关怀和帮助。但是不要让他去认定自己是软弱无力的，相反，要让他用自己的行为举止去证实自己是坚强有力的，要让他认为在他周围居住着无数远比他弱得多的人，这些人更需要去保护和照顾。为此，必须有这样一条道德教诲：“你现在是孩子，但不要忘记，你会长大成人的。”一定要去想，你不会永远是孩子。只有人，才能这样去想；对人而言，求知欲是人的精神实质。我认为有一项非常重要的任务，就在于不使孩子刚一跨入学校门槛，其活动就变得单调乏味——表演人的角色。这对于智力发展是一种可怕的危险。从学生入学之初，课桌旁单调的活动就特别多，诸如死记硬背（这是必要的、不可避免的），在这种情况下，用一些专门的活动，也可以这样去说，是去滋养求知欲的巨流，就显得特别重要。关于一些能增长知识的活动（如思维课），如上述已谈及的是道德教诲之一。

还应该谈谈，儿童在学校工作室、试验田、果园、畜牧场里的劳动，应带有一些成年人劳动的性质。让孩子处处都有一种真实的感觉。在我校备有供孩子们用的小型机器，如拖拉机、汽车、摩托车、脱谷机、割草机、扬谷机，还有一个儿童发电站，备有预防发生事故的一整套设备。那条含义至深的道德教诲："你现在是孩子，但不要忘记你会长大成人的。"目的在于使孩子深刻地意识到，正是由于他在收割时用的是真正的机器，就在那一刻，孩子便会逐渐养成成年人的思维方式和成年人的世界观。用我们成年人的观点看来，这些活动多数是游戏；可对孩子来说，绝对不是游戏（正如真正的游戏，对他来说也不是游戏一样）。

小学低年级的教师集体，要力求做到使儿童的劳动像成年人的劳动一样，渗透着那种义务感。一个人在少年时代就应看到他童年劳动的成果：如他亲手栽培的小树苗，现在长成大树了，要结果了；他亲自播下的小麦种子，经过精心照管，正变成一大簇小麦。

在童年时候所进行的那些有创造性、充满希望、乐观愉快的劳动，是思维和智力蓬勃发展的源泉，是任何东西也取代不了的。打个比方，它既是燃料，又是使燃料得以燃烧的空气，没有这些，求知欲的火焰就会熄灭。

最大的欢乐就是人的诞生

最大的欢乐就是人的诞生。要知道，你的问世是父母最大的欢乐。每年，当你生日到来时，他们总是激动地回忆着在你刚出生的时候，他们是什么样的心情，你的第一声叫声是什么样，你说的第一句话又是什么样。每个人来到世上，不仅是后代的繁衍，而且是任何东西都无法比拟的财富，他本身就是祖国光荣、伟大、强盛的源泉。人的诞生，是人民的未来，是父母的欢乐。

孩子的纯洁心灵、高尚品德，以及在孩子群体里那种有道德的童真关系，取决于他对新生命诞生的态度如何，对待孕妇，特别是对待自己那即将分娩，又要做妈妈的母亲态度如何。我们不但培养孩子对待人的诞生那种高尚态度，还要培养未来的父亲和未来的母亲。

在乌克兰有一个村庄，把一个新人的诞生看作共同的节日来庆贺，而学校在对待这件事情的教育上起了积极的作用。我主张要经常对青少年们讲一讲发生在第聂伯河岸边一个小村子里的这件事，并把它编入我那本名为《拖拉机为什么沉寂了》的文选里。

在一个好家庭里，孩子同兄弟姐妹的精神交往需要得到发展。在只有一个孩子的家庭里，和谐的情感教育会有所减色。对他人的关怀，往往是从关怀自己的兄弟姐妹开始的。血缘关系的情感是为培养和发展富有同情心、关心人和对人体贴的有力基础，而对姐姐们来说，这是培养母亲般的关怀的头一所学校。对于男孩，特别对于女孩来说，家里出现了小孩，甚至期待着婴儿的诞生，都意味着是他们道德发展的特殊阶段。如果家庭在期待着新生儿，我们就把这点看作无比珍贵的，促进孩子道德自由发展的极有利条件。从期待新生儿诞生起，在男女孩子的精神生活中，特别积极去表达自己真正的人的本质已开始。在个别交谈和谈话中，我们建议父母：

“如果你想使家庭里有奉献和爱的关系、尊敬和责任的关系，那你就要做孩子们的父母，而不是一个孩子的父母。愿你的孩子都能有兄弟或姐妹，至少有一个兄弟或一个姐妹。”

小弟弟或小妹妹的问世，为家庭道德自由的发展，为弟弟妹妹、哥哥姐姐和父母们的和谐发展创造了最有利的条件。

无论是在同小孩的交谈中，还是就这些非常细致的问题在给父母们的建议中（这些建议只有在完全相互信任，并同家庭进行了多年工作的条件下才是有可能的），我们所遵循的，是使哥哥或姐姐把准备新生儿问世的事当作生活中值得庆幸的大事，使他们亲身体验到，这件事是道德上的更新和提高，使他们都感到：现在我面前将有新的义务，我现在已不只是个儿子或女儿，而且是哥哥或姐姐了。如果学校帮助父母，并提醒他们对孩子可以说些什么、不该说些什么、怎样回答孩子的问题，那么，这件事就会作为伟大的道德纯洁之举进入到他的精神生活中去。

令父母和老师常常感到不安的一个问题，是怎样向孩子们解释出生的秘密呢？一些人认为，应当讲那个有关鹳鸟的童话；另一些人相信，如果对孩子讲清全部真相或者几乎全部真相会更好；第三种人则认为，最适当的回答是：“你还小，等你长大了就会知道的。”分析看来，从道德方面来说，讲鹳鸟的童话是最适宜的，因为这是艺术形象，它能表现出人民的智慧和诗的艺术，对我们生活中隐秘的东西和对孩子那敏锐的心灵都能表现出关怀。您向孩子讲美的童话吧，讲善良的鹳鸟的童话吧；而他也恰恰会当作童话去理解它，相信它，就像孩子们相信童话那样天真。在隐秘的、不可侵犯的内心深处，应当是半真半假——不然，人简直就不能称其为人了；人应当有富有诗意的思维——不然，我们就会陷入粗鲁和粗俗里边。看到家里有新人诞生的孩子，会得到一种激动人心的兄弟情感，让他在纯粹浪漫主义的童话中使自己的求知欲得到满足。这里不会有任何危险，相反，只有这种方法才能培养出纯洁的心灵。我专门为小小孩儿（学龄前的孩子和低年级小学生）编了一个关于人的诞生的童话，在这里讲给你。

“好，我来讲一个童话故事。”

“奥莲卡，你问你的弟弟是在什么地方出生的，从哪儿来到你身边，为什么你的妈妈成了他的妈妈，你怎么成了他的姐姐，他又怎么成了你的弟弟呢？好吧，孩子们，听我给你们讲一个世界上最真实的童话。你们往天上看，东方正泛着红光，太阳快出来啦。在那遥远的地方，就是可爱的太阳在夜间休息的地方，太阳有一片极美的罂粟地。噢，太阳马上快回到自己的罂粟地了。红彤彤的罂粟花在那里长年盛开，一条清澈见底的小溪在山谷中潺潺地流着。奥莲卡，你看，可爱的太阳在自己那片罂粟地上给天下的母亲们，也包括你的妈妈在内，每人献上一束罂粟花。当母亲想到儿子或女儿的时候，她就在想象：我会有个什么样的孩子呢？正说着，她的愿望实现了，在那束罂粟花丛中，诞生了一个儿子或女儿。一个新人在母亲的愿望之中和太阳的金色光线之下诞生了。婴儿躺在鲜红的罂粟花瓣之上，伸着一双小手在微笑。噢，他是想投入母亲的怀抱。就在这时，从罂粟地上空飞来一只鹳鸟，鹳鸟长着银色的翅膀、碧绿的眼睛。鹳鸟把婴儿抱起来，递给母亲。这是她心爱的孩子，是她在自己的愿望中，爱抚地把他孕育出来的；奥莲卡，是可爱的太阳塑造了你，也是按照你妈妈的意愿向往出来的。而那只神奇的、长有银色翅膀的鹳鸟又飞回罂粟地去了，因为世界上有很多很多的母亲，每一位母亲又都有自己的愿望……”

使孩子对待新生命，甚至在新生命尚未出世的时候能有一种爱护、关怀、热烈的态度，这就有赖于父亲与母亲的智慧了。

人生下来是为了在自己身后留下痕迹

人生下来，并不是为了像无人问津的尘埃那样无影无踪地消失。人生下来是为了在自己身后留下永久的痕迹。

一个人，首先要使自己留在人们的心中。我们常说的不朽就在于此。我们活着，就是为了使儿子或女儿牢记住自己，就是为了活在他们的激情和劳动之中。人最大的幸福和生活的意义也在于此。如果你想留在人们心中的话，那就去培养自己的子女吧。培养人，这可是最重要的社会责任。

人的道德品行如何，取决于他在父母身上所看到的生活的最大意义到什么程度。我们有一个重要的教育使命，就是使我们所造就的人，不仅对自己今天的行为负责任，而且对未来的行为负责任。未来的行为就是指活生生的人的智慧、情感和信念，其根基是由现下奠定的。

在姑娘们成年之日，也就是在她们满十六岁（按当时法律规定）的时候，我向她们讲了乌克兰的一个民间传说《谁是世界上最高明的大师》。

我力求使孩子们在学校的整个学习时期，都能理解一门非常细微而又复杂的科学——善于观察自己。使每一个人在少年时代就要考虑到：我在人们中间，在劳动中，在朝气蓬勃的年代里能留下什么呢？哪怕是我身上小小的“一滴”能注入人类生活永恒的海洋里也好，这“一滴”是什么呢？

这一点的必要性何在？在这方面怎样进行教育工作呢？

为了使孩子们学会观察自己，就应当教他们学会观察生活。要学会观察人，要理解和感受到在人们中间的美，对这种美感到兴奋和赞叹；把自己与所看到的、理解到的人对比一下，就仿佛是把自己的品格，同认为是楷模的那些人的品格衡量一下。

对青少年们讲一讲生活的经历，我认为这点是非常重要的。

青年们，你们要投入到生活中去。如同那八九点钟的太阳一般的生活，就要出现在你们面前，它刚刚升到地平线上，美好的未来就在前头。现在需要你们去种地、盖房子、修桥、饲养牲畜；对从温暖的地方飞来的鸟感到高兴，为每一株嫩苗——嫩绿麦苗的命运而担忧；你们要去远征，如果有敌人侵犯我国神圣的边疆，你们就要对准敌人开枪。你们的心灵、智慧、天才的一部分将会留在这一切之中。但是，只有为了人，才可能完完全全将自己的心血奉献出来。

请不要忘记，你们将来也会做父亲和母亲。做父母需要懂得最复杂的劳动智慧。这就是劳动，劳动，而且是成千上万次的劳动。

当你是位父亲（我现在对你，就像对未来的父亲那样），在听到新生儿的哭声时，你应当心里发紧；当你是位母亲（我现在对你，就像对未来的母亲那样），你不得不在痛苦中生下儿女。你们要记住，生活的道路是漫长的，你们必须携带更充足的、从青少年时代得来的财富，你们需要这些财富；还要设立一个目标，就是为了去造就人。

这里有一个关于游手好闲者的民间故事。

这个人很爱唱歌，喜欢玩乐，不能长久地待在一个地方，时不时地便从碧绿的田野搬到鲜花盛开的草地，从鲜花盛开的草地又搬到绿油油的小树林。他有一个儿子，把摇篮吊在橡树枝上，就坐在那里唱歌。可他的儿子不是一天天在长，而是每时每刻都在长。儿子从摇篮里跳出来，走到父亲跟前说：

“爸爸，请您告诉我，您亲手都做了些什么事？”

父亲为儿子能说出这样聪慧的语言而吃惊，微笑了一下。他想了想，怎样对儿子说呢？儿子在等待，父亲沉默不语，也不唱歌了。

儿子看着高大的橡树问：

“也许，这是您栽的橡树？”

父亲低下了头，沉默不语。

儿子把父亲领到田地里，看着饱满的麦穗问：

“也许，这麦穗是您栽培出来的？”

父亲更深地低下了头，还是沉默不语。

儿子跟父亲一起来到一个深池塘边，儿子望着映在水中的蓝天，说道：

“父亲，您能说出一句名言佳句吗？……”

可这人不仅什么都不会做，也不会说名言佳句，只是低着头，沉默不语……就这样，他变成了谎花草。它从春天到秋天，都在开花，可就是不结果，也不打籽。

青年男女们，你们可要当心啊，别像谎花草那样走进生活。那样走进生活是最大的痛苦。如果你虚度年华，碌碌无为，在儿女面前，在人们面前你会感到羞愧的。

我常常对青少年们讲那些已故的令人爱戴、受人尊敬之人的故事，极力去呼唤他们热烈地去追求能在地球上留下一个鲜明的痕迹。

人应该使自己永远留在人中间

不仅人类的繁衍在于此，而且每个人的幸福也在于此。生活的最大幸福和含义归根结底就在于使自己留在人间。如果你想在死后永远活在人们的心中，那就把自己培养成一个真正的人吧。要使自己留在人间，这意味着不仅仅是生儿育女。人要有一种精神，他与动物不同之处就在于传宗接代的同时，也把自己的美、理想和对崇高事业的忠诚留在人间。青年男女们，你们越是善于深刻地在人间反映自己、刻画自己，你们作为公民的生活就会越丰富，而且你们的个人生活就会越幸福。这种公民生活和个人生活融为一体的情况，还会铭刻在你们的孩子心中。因为他是你们个人的幸福，同时也是人民的希望。

“祖国”这个词，是我们语言中最美的词，不仅因为它反映着公民的、全民的壮丽本质，而且因为它扎根于每个人的内心世界。

我向一代又一代的青年男女们讲过《两个母亲》的故事，这个故事留给我这个教育者深刻的印象。

在一个大城市郊区的一所小医院里，住着两位生孩子的母亲，一位叫黑科萨娅，另一位叫白科萨娅。可巧，她们在同一天都生了儿子。黑科萨娅是在早晨生的，而白科萨娅是在晚上生的，两位母亲都沉浸在幸福之中，梦想着自己儿子的未来。

白科萨娅说：“我希望我的儿子能成为杰出的人才，做个闻名于世的音乐家或作家，要不就当个雕塑家，他创作出的艺术作品世代相传；要不就当个工程师，去建造宇宙飞船，让它飞往遥远的星球……就是说，人活着总要干出点儿名堂来……”

黑科萨娅说：“我的希望，就是让我儿子成为一个善良的人，让他在任何时候都不会忘记母亲和自己的家乡，不会忘记爱祖国、恨敌人。”

当时，那两位父亲天天都来探望这两位年轻的母亲。他们久久地凝视着自己儿子的小脸，眼里闪现出幸福、惊讶、慈爱的目光。然后，他们便各自坐在自己妻子的床边，长久不停地说着悄悄话。他们也幻想着新生儿的未来，当然所想的全是幸福的未来。一周后，当了爸爸的幸福丈夫，各自把妻子和儿子接回了家。

三十年后，两位母亲又不约而同住进那所小医院里。她们的头发有些花白，脸上也添了些许皱纹，但依然如三十年前那样漂亮。两位母亲久别重逢。她们仍住进三十年前生儿子时所住的那间病房。两人各自谈了自己的生活，述说了自己许多的欢乐，也道出了许多苦痛。她们的丈夫都在前线牺牲了。但不知为什么，两位母亲在谈及自己的生活时，都闭口不谈自己的儿子。最后，黑科萨娅终于开口问："你儿子有出息了吧？"

"他呀，成了卓越的音乐家，"白科萨娅骄傲地回答说，"现在是县城里大剧院的乐队指挥，成就卓著。难道你不知道我儿子？"接着白科萨娅说出音乐家的名字。当然，黑科萨娅是知道这个名字的，因为他的名字众所周知。就在不久前，她还看到这位音乐家在国外演出取得巨大成功的报道。

这时，白科萨娅接着也问道："那你儿子在干什么呢？"

黑科萨娅回答说："是个庄稼人，说得具体点儿，是农庄里的机务人员，也就是开拖拉机的康拜因手，有时也去畜牧场干活儿。从早春到晚秋，直到大雪覆盖大地，我儿子都在耕地、播种、收割，年复一年，总是那样……我们住的村子离这儿有一百千米。我儿子有两个孩子——三岁大的小男孩和不久前刚出生的女孩。"

"你真没那个福啊，"白科萨娅说，"你儿子是个不知名的普通人。"

然而黑科萨娅未说什么。

就在当天，黑科萨娅的儿子从村里赶来探望母亲。他穿着一身白净衣服，坐在一个白凳子上，和母亲亲切地交谈着，谈了很久很久。母亲的眼里流露出欢乐的目光，在那一瞬间她似乎忘掉了世上的一切东西。她把儿子那只晒黑了的大手握在自己手里，笑个不停。儿子在告别母亲时，仿佛不好意思似的，从手提包里取出一嘟噜葡萄、一罐蜂蜜和一些奶油放到小桌子上，并说：“好好养吧，妈妈。”临走时还吻了吻妈妈。

可是，没有任何人去探望白科萨娅。晚上，室内静悄悄，黑科萨娅躺在床上，想着想着轻轻地笑了起来。白科萨娅却说：“我儿子正参加音乐会，如果他不演出，自然会来看我的……”

在第二天傍晚前，那个庄稼人又从遥远的村子赶来看黑科萨娅。他又在白凳子上坐了很久。白科萨娅也听到“地里的活儿正忙得热火朝天，他们得白天晚上地去干”一类话。庄稼人在与母亲告别时，又把蜂蜜、白面包和苹果放到小桌上。黑科萨娅脸上由于幸福而容光焕发，皱纹也舒展开来。

至于那位白科萨娅，仍没有人前去探视。

晚上，两位母亲都在默默地躺着。黑科萨娅在微笑，而白科萨娅却在轻轻叹着气，还生怕邻床听到她的叹气声。

第三天傍晚时分，那个庄稼人又从遥远的村子赶来看望母亲黑科萨娅，他带来西瓜、葡萄和苹果……他还把黑眼睛的三岁大的小儿子也给奶奶带来了。儿子和孙子在黑科萨娅床边坐了很久很久，她的眼里充满了幸福的泪花，人看上去也显得年轻了。当时，小孙子还跟奶奶讲起他昨天下午和爸爸一起登上了康拜因驾驶台的情景。小孙子说：“我也要当康拜因操作手。”他们的话，在一旁的白科萨娅都听在耳里，内心却在阵阵作痛。黑科萨娅在与他们告别时，还吻了吻孙子……而那位白科萨娅母亲，在那一瞬间记起了一件事，就是她那个作为著名音乐家的儿子，在一次长期外出旅游前，据家里人说，把他的小儿子送进了一所寄宿学校。

两位母亲在医院住了一个月，那个身为庄稼人的儿子每天都从遥远的村子赶来探望妈妈黑科萨娅。儿子的微笑，似乎是母亲康复的原因。而白科萨娅似乎也觉得，她邻床的儿子来探望的时候，仿佛医院里所有的人都在祝福黑科萨娅“快点康复吧”！

可是白科萨娅，一直没人来看望。一个月过去了，医生对黑科萨娅说：“现在您完完全全是个健康的人了。心脏没有任何杂音，也没有心律不齐的症状了。”而对白科萨娅却说：“您还得住院。当然，您也会成为一个完全健康的人。”医生在说这话时，不知为什么朝四下张望了一下。

儿子来接黑科萨娅了。他带来几束红玫瑰送给医生和护士。医院里所有的人都面带笑容。

在同黑科萨娅告别时，白科萨娅请求她与自己单独待上几分钟。大家都从病房出去后，白科萨娅含着泪当面儿问道：“亲爱的，你说说你是怎样养出这样好的儿子的？你我是在同一天生的儿子，你多么幸福，可我……”她说不下去了，哭了起来。

“我们这次分别，怕是再也见不着了，”黑科萨娅说，“看来这种奇遇不会有第三次了。所以，我要对你说出全部真相。在那个幸福的日子里我生的儿子，后来死了，死的时候还不到一周岁。而这个，不是我亲生的，但却是我至亲至爱的儿子！在他三岁时，我收养他为儿子，他当然模模糊糊地记得这一点……我对他来说，就是他的亲生母亲。这一点，你也亲眼所见，我的确挺幸福。

可我看你，就不幸了，我深表同情。你知道，这些天来我是多么替你难过。我早就想出院了，因为我的儿子每次来都给你带来沉重的压力。在你出院后，去找你的儿子吧，并对他说：‘你的冷漠会遭到报应的。你怎样对待自己的母亲，你的孩子将来就会怎样去对待你。绝对不该宽恕那些对父母冷酷无情的人。’”

爱国主义要从孩子幼年起开始培养。凡是不能成为父母真正儿子的人，就不可能成为自己祖国真正的儿子。

爱就是忠诚最微妙的种子。它是整个教育体系中最微妙的东西——在少年心灵中树立一种忠于伟大祖国的情感，树立对背叛、背信弃义、伪善态度不妥协的情感。

忠于崇高理想和共产主义道德原则，形象地说，就是“剃刀的刀锋”，它的名字叫良心。只有当我们学会对伟大的、至高无上的、毫不动摇的东西树立一种忠诚感的时候，我们才能谈论纯洁的良心，才能谈论人的自我教育的才能。培养人，重要的一点就是要对别人、值得爱的人、忘我劳动的人、自我牺牲的人忠诚。为了自己所爱之人的幸福，要随时准备献出自己的生命——公民的献身精神和忘我精神就是从这一点开始的。贯穿青少年集体精神生活的一条线索，应当是思维和关注。我们每个人都会有孩子，热爱、抚爱孩子，唤起他们意识到自己是我们的儿子，是我们所珍爱的人，这一点并不那么困难，但要在他们的心灵里树立对自己的每一步负责的责任感，树立起对我们——作为过去所经历过并且铭刻在记忆中的事物的活生生化身的忠诚感，要困难得多。我向一代代走向独立生活的青年男女们提醒，他们将来的孩子如何，是他们对社会、对人民应担负的责任。

父母培养出对祖国忠诚的儿子，就是在为自己竖立起永垂不朽的纪念碑。假如你的儿子成为祖国、人民的叛徒（这种事是有的，而且应当用这种严肃的话来告诫未来的父母们），你被人瞧不起和被人忘在脑后是理所当然的。叛变、背叛行为是最可怕、最卑鄙的犯罪。未来的父母，你们要记住，叛变、背叛行为那令人蔑视的种子，就是利己主义和自私。

在学生毕业晚会前夕，我和即将得到毕业证书的学生们一起到森林中去。在那鲜花盛开的大自然里，我们彼此之间进行了一次推心置腹的谈话。我在心里把这次谈话称为是对未来的父母进行的最后一次告诫。为了这次谈话，我选择下面一些话语，以便能触动公民良心的隐秘一角。

我对即将毕业的学生们说：

请你们记住，一个人的最高荣誉，就是为社会造就出真正的公民；如果你们善于造就的话，必然会得到做父母的最大幸福。而在这一幸福之中，实际上就包含你们生活的含义。小伙子们，姑娘们，你们要三思我的这些话语，你们要像害怕可怕的不幸那样，去担心你们的意识会丢开那些不愉快的思绪。一切不合心意的、不愉快的、艰难的东西应当为自己的意识所吸收，贪婪地吸收。你们把那些不合心意的、不愉快的思绪从自己的心灵中丢开过一次，你们就会习以为常下去；就会变成不中用的父亲和母亲，也就变成不中用的公民，而你们的幸福就会成为一种幻梦。年轻的公民们，请你们记住，一心只想着幸福、吮吸着幸福，就像干涸的土地总是贪婪地吮吸着水滴那样，而且也不为他人的欢乐放射出一点儿光来，这样的心就会变成自私的、利己主义的，与那种崇高的激情和志向截然不同。应当像雏鹰在学习飞翔时担心站上峭壁那样，你们作为未来的父母，也要担心自己的子女为他人的幸福不愿去奉献。凡是不知为他人创造幸福的人，就不可能理解什么是祖国，也体验不到个人与人民神圣的东西息息相关。

每一个人都应当有责任感，每一个人都应当奉献。要有对劳动、对行为、对爱与恨，以及对你所说的话负责的责任心。但最崇高的、最艰巨的、最坚定不移的责任，就是父亲对儿子的责任。这种责任的最高裁判，是人民、祖国和我们本身的良心。青年男女们，你们每个人将会成为农民或医生、钳工或工程师、水泥工或教师……但你们每个人同样要成为父亲和母亲。身为父母，我们为关切和爱所付出的劳动，我们对过去和未来的看法，这一切都造就着人民。在父母对邪恶采取严格态度、进行毫不妥协斗争之时，人民才是美好而强大的。

每当小伙子的眼睛同姑娘的目光相碰撞的时候，那一颗颗火热的心总要加剧地跳动，呼吸仿佛要停止了似的。你们每一次的彼此接触都会产生难以理解的情感、希望和幻想的冲动。你们憧憬着幸福。老一辈人把无价财富——祖国、社会主义制度、自由的劳动传给你们，但是这种财富要成为你们的幸福，只有在你们的心与它息息相通的时候才有可能。老一辈人可以把一切都传给你们，可谁也代替不了你们去造就人。这需要你们付出劳动。世界仿佛是随着每个人的诞生而重新诞生，你们的世界会变成什么样，就是你们的责任。

怎样祝贺亲人的生日

你的同学有了弟弟或妹妹，你要祝他幸福。祝贺人的生日，这是人的一个修养标志。

对于每个人来说，他的生日，是他生活中最幸福的一天。如果没有人向他祝贺生日，甚至没有人向他提到这一点，那么，这个人就是个孤独而不幸的人。有些人，孤独没有使他们伤心，但他们会倍感不幸。你应当知道，而且终生要记住你的母亲、父亲、爷爷、奶奶、兄弟、姐妹的生日。家庭的幸福，就在于我们彼此去奉献心中的温暖。家里有多少人，就有多少个生日。

在你亲人生日那天，要比往日早起一些。走到过生日的人跟前，并对他说："我祝贺您生日。我衷心地祝您健康、幸福、精力旺盛、思路敏捷。"如果你祝贺小弟弟（或者小妹妹）的生日，可以向他提醒说，今天满几岁啦，使他高兴。在童年，年龄的增长，会带来兴奋心情；在少年，年龄的增长会带来欢乐；在青年早期，年岁的增长会带来焦急心情；在中年，年岁的增长会带来忧郁；而到了晚年，年岁的增长会带来悲伤。不应去计算你的父亲或母亲、爷爷或奶奶多少岁了；在你姐姐生日的时候，也不要去提多少岁，特别是在她已二十多岁的时候。姑娘、妇女永远想年轻，这是人类那半边天的权利，我们从她们具有强大力量和表现力的身上看到自己的美。美，应当永远不凋谢，岁月可以创造美，但岁月又可以破坏美。时间一去不复返，就像经历过和体验过的东西不再复返一样。人的幸福并不在于又增长了一岁，而在于它给我们带来了什么。祝贺生日要注意分寸和心思细腻。在你祝贺他人生日的时候，回忆什么，想到什么；该说什么，不该说什么，都反映出你的素养。在祝贺孩子生日时，不要说："我祝你长寿……"对孩子来说，这些话说明不了什么，因为要理解和感受这些话，必须有丰富的生活阅历。

在祝贺生日时，不要忘记给亲人送上一份礼物。生日礼物，是你的素养、象征和你心灵纪念的物质上的表示。要会做礼物或会买礼物。对你的亲人、亲爱的人来说，最珍贵的礼物，莫过于亲手做点儿什么，比如亲手栽培出的鲜花、画一张素描、写一首诗，或者做一本小小的纪念册，甚至是有你的素描或诗歌的普通笔记本，这些都是好礼物。不善于写诗，那就写使你终生难忘的一件事或一个小故事。母亲过生日，你可以写一篇自己的回忆：在你最初的记忆里，母亲是什么样。在父母过生日时，向母亲或父亲要钱去给他们买礼物是很不妥当的。如果你不善于亲手去做点儿什么，或者懒得去做的话，又要在良心上过得去，那就不得不迫使自己放弃一点儿最必要的东西而去买一件礼物。如果母亲每天给你十或十五戈比的午餐费，几天没有花的话，那就用这些钱去买书吧，你知道这会博得父母的喜欢。不要想着去买那些贵重的东西，礼轻情意重嘛。生日礼物的价值，是道德价值的体现，它是不能用物的价值来衡量的，而是用你准备带来欢乐时所倾注的精神力量来衡量。

在爷爷奶奶生日时，你的祝贺对他们来说特别珍贵。忘记他们的生日，就意味着道德上的愚昧无知。

不要忘记你年老的老师的生日，尤其在他孤独一人的情况下更不要忘记。

生日，是家庭的喜庆日。这是亲人的节日，而不是社会上的节日。如果社会上，有的人早于五十岁或者这个人未得到社会上的普遍承认就庆贺生日的话，那是不谦虚的表现。但在家庭里，通常也只有在家庭里，才应当隆重地庆贺成年人的生日。

不应当为每个学生，尤其是在学校大集体宿舍里举行隆重庆贺生日的活动。很可惜，这种情况还是不少。学生们聚集在大厅里，让所有在上个月出生的人都坐到光荣席上接受大家的祝贺……很难想象出还有比这种表演更冷漠无情、更愚蠢的了。从教育的观点来看，这样庆祝生日，会伤害少年的心灵，会使孩子从童年起就养成为装门面而举办这种相当大的活动的毛病。过生日，这是亲属心中的节日，决不能忘记这一点。受社会尊敬的人庆祝生日往往会在俱乐部里举行，大家发表隆重演说；但会后，亲人们总要另外欢聚一堂，不这样做，生日就不可想象。亲属心中的节日，只有那些拥有道德权利、能触及你心灵隐秘一角的人们参加，才会成为像样的节日。

应当教育孩子们学会祝贺生日，学会赠送礼物。不过，只有在孩子学会感受的时候，那时老师的话才能打动儿童的心。每当在孩子们面前出现人际关系上某方面的问题时，才会感到老师、父亲、母亲的每一句话都充满了深刻的含义，这种情况、现象在生活中时有发生。有时一句普通的话，孩子们听到后，会在他们面前出现奥妙、神奇的色彩，触动着他们那隐秘的个人世界。

在小学二年级的课堂上，女老师看到了一个乐观快活、性格爽朗又富有同情心的小女孩加利娅举起手。

“加利娅，你想说什么？”老师问道。

“玛丽卡有小弟弟啦！”加利娅说着脸上露出幸福的微笑，仿佛是她有了个小弟弟似的。玛丽卡是她的好友，她俩同桌，靠窗并排而坐。加利娅刚说完，三十双眼睛颇有兴趣地朝玛丽卡望去。小姑娘由于不好意思脸红了起来。又是那种感觉，一生只能体验唯一的一次。一个七岁大的孩子由于有了小弟弟和小妹妹而感到惊讶，甚至完全不知其中之奥妙，但从此她的“地位”提高了，又有了表现高尚思想的新关系。对此我们成年人往往理解不了。假如我们能够深刻地去激发孩子心灵的思维和到情感的世界中去，那时就会使孩子认识到是血亲和极亲的人把他带到这个世上，那个亲爱之人，就是世界上唯一生他的人——母亲。这就是我们为什么要去对今天成了哥哥和姐姐的人倍加尊重之所在。我们崇高的使命，就在使于一个成了哥哥和姐姐的人，在自己的新位置上，远比前一天他还不是哥哥和姐姐的时候所受到的尊重要更多。

“玛丽卡有小弟弟啦！……玛丽卡有小弟弟啦！……”教室里传出一片私语声。老师笑了起来，孩子们也都笑了。

“这多好啊！”老师走到玛丽卡跟前吻了吻她。“我们祝贺玛丽卡的妈妈、玛丽卡的爸爸有了儿子；也祝贺你，玛丽卡，我们祝贺你有了弟弟。”

加利娅也拥抱并亲吻了玛丽卡……

“我们祝贺，这意味着什么呢？”一位叫米科拉的学生问道。在他的话语里流露出一种不解之意。孩子们也尚不能解释这句话的细微含义……如果他们善于用话语表达自己的情感，那他们就会说：“米科拉非常知道我们的祝贺是什么意思。而他的提问，不过是为了消除自己的某些疑虑而已，这就是他为什么提出自己的问题后还叹了一口气的原因。”

教室里一片静悄悄。大家都在期待老师如何回答。

“这意味着玛丽卡的妈妈和爸爸有大福啦。一个人诞生了，这个人给很多人带来幸福：玛丽卡的妈妈有了儿子；玛丽卡的爸爸有了儿子；玛丽卡有了弟弟；玛丽卡的爷爷有孙女，又有了一个孙子；玛丽卡的奶奶有孙女，又有了一个孙子；玛丽卡的姑姑有侄子啦；玛丽卡的叔叔有侄子啦；玛丽卡的叔伯兄弟有叔伯兄弟啦；我们有了新朋友。这正使许多人都成了幸福之人。这正是我们为什么要去祝贺的原因。

“随着一个人的诞生，会诞生未来。他，玛丽卡的小弟弟，是我们中间年纪最小的人。你们，男孩子们，会成为苏维埃的战士、祖国的卫士；而他才刚刚上学，刚开始学写‘妈妈’一词。你们在边防夜间站岗放哨，也是在保卫他的摇篮。他在睡梦中幸福地微笑，是由于有你们在警惕地保卫边疆。我们的祖国是强大的，是不可战胜的；我们伟大的祖国会高兴地祝贺每一位母亲和新生儿的诞生，希望一个真正的人来到世上。我们还不知道玛丽卡的弟弟会成为什么样的人，他还没有名字。几天后，玛丽卡的妈妈和爸爸就会来到学校，从我们民族的名库里给自己的儿子选个名字……他无论成为什么样的人，都将会是自己祖国土地的耕种者或是航天员，是泥瓦匠或是牧人，是园艺家或是旋工，妈妈会在他身上投入自己最完美的精神力量，使他成为祖国忠实的儿子，这就是为什么我们去祝贺。”

就应该这样去教会孩子们感受。老师应持一种真挚的态度对待孩子们的理智和情感，那他的每一句话都能打开孩子们的细微的心扉。因为老师和孩子们，形象地说，都是从同一个角度在看待世界，对伟大的惊叹和那不可重复的瞬间的感受是一样的。

第五章

劳动与义务

义务教育

在古老的第聂伯河边的一个村子里，住着两位美女——塔季扬娜和纳塔利娅。她俩在同一天嫁人，又在同一个星期生了儿子；塔季扬娜的儿子叫尤里，纳塔利娅的儿子叫维克多。在1941年严酷的6月，两个女人都把丈夫送到前线，母子留在家里，如今儿子也都十四岁了。两个儿子都长得身材高大、身体强壮，看上去似乎不是十四岁，而是十六岁。

德国军队进驻了古老的第聂伯河岸边，被法西斯占领的黑暗岁月开始了。一年以后，占领者开始抓年轻人去德国做苦役。尤里和维克多长得更高了，成了魁梧强壮的大小伙子了。好心人都劝说两位母亲：“您快把儿子藏到远处的地方去吧，不然等警察、宪兵来了，会把他们抓到德国服苦役。”尤里和维克多知道，在第聂伯河河滩中间掩藏着一个绿色小岛。岛上有着茂密的树林，杂草丛生，在干燥多石的地下，有一个早在游牧时代遗留下的石洞，他俩就在那里躲避法西斯分子和他们的走狗。

两个年轻人在岛上的地洞里藏了一年多，直到苏联红军解放了家乡，他们俩才回了家。一周后，塔季扬娜和纳塔利娅都收到了阵亡的消息，两个人的丈夫都在斯大林格勒①附近牺牲了。

在11月一个阴雨的晚上，尤里离家出走了，临走时给妈妈留下一张纸条："亲爱的妈妈，原谅我……我不能总待在家里了。我去参加红军，我要替父亲报仇。"塔季扬娜看了纸条后，一连哭了多日，总盼着儿子来信。

而维克多呢，在未到征兵的时刻，又在母亲的农舍里住了一年。终于征兵的日子到了，小伙子消失了，宛如石沉大海，无影无踪。纳塔利娅对邻居和区军事委员会工作人员说："他大概是跟着某个部队走了。"几乎就在维克多消失的时候，塔季扬娜收到儿子阵亡的消息，尤里在喀尔巴阡山英勇牺牲了。接着又有人送来了儿子的军功章——四枚奖章和一枚红星勋章。母亲深受悲痛的折磨，一周之内，塔季扬娜头发白了，躺在床上，病了很久。

就在1945年5月欢庆之日即将来临之时，纳塔利娅在暖洋洋的4月里的一天，到村苏维埃报告说，她的儿子为逃避服兵役，躲在荒岛上一个石洞里。"我劝他，哭着求他，一点儿用也没有，"纳塔利娅说，"生活使我备受折磨。"人们找到了维克多，审判了他。

---

① 斯大林格勒，即今伏尔加格勒。——编者注

但是，母亲并不知道对他的判决：用自杀结束生命。就在欢庆胜利的日子里，人民宽宏大量，根据大赦令，维克多在劳改营里劳动三年后，被释放回家。

每个家庭都有自己的不幸，而有关维克多的罪行，很少有人去提及。后来，维克多结了婚，在农机培训班毕了业，成了一名拖拉机手。现在，他在第聂伯河畔一个古老的村子里干活儿，两个女儿业已嫁人，儿子不久前也参加了工作，还有两个小不点儿也都上了学。然而，人群中议论纷纷，有人说他冷酷无情，有人说他铁石心肠。两个女儿嫁人了，他却从不到女儿家去做客，也从不让女儿回家看看。这在村里被认为是一种严重的道德缺失的行为。跟他一起工作的同事也说："要求的定额，他都能照办去完成；但要是让他帮助同事、为公共事业干点儿活，正如农业机械队队长所说：'他呀！就是一面石头墙。'来个僵硬面对。"

说起尤里和维克多，两个人的命运各不相同。本来，他俩都曾在同一所学校上学，一起参加少先队，坐在一间教室里读书。为什么他们的命运就不同了呢？你看，一个过着勤勤恳恳、光明磊落的生活；而另一个人，则过着昏暗的狼一般的生活。后者的生活，正如同村里有位八十岁的老哲人米科拉爷爷所说，他就是过着灰暗的、毫无光彩的、如狼一般的生活。

我为什么要谈这件事呢？岁月如梭，年复一年，不觉十数年，有数百人的命运在我的生活留下记忆，他们各有卓越、独具特色之处，而彼此之间又有相同之点。我亲眼看见一些小孩子，首先学会发出对孩子们来说是世界上最宝贵的一个词：妈妈。然后把这个词写进笔记本里，并用惊讶的目光在两个字旁审视着：难道这是我写的吗？这些小小的孩子，后来都成了有胡子的父亲，他们又把自己小小的孩子们领进学校，“一切又从头开始”。

在生活的演变中，诞生出独特的人的世界。社会随着一代人又一代人的涌现，必将在我们教师面前提出一些新要求，与此同时，还会出现一些难解之谜。每一年，每当和父母们一起把青年男女们送上独立劳动之路时，我都将全身心地去关注他们。每一次，我都心神不宁地思考着同一个问题：在我们所创造的人身上，最主要的东西是什么？在那毕业典礼前短暂的6月之夜，从夕阳直到太阳初升，正值那些青年男女在一起尽情狂欢之时，正值和他们一起走进田野，共同迎接新生活（已不是学校生活）的太阳初升之时，我的心狂跳着，一些折磨人的问题令我不宁：人最主要的东西是什么？怎样去创造它，如何使人的主根有牢固的立足点呢？滋养人之美、苏维埃新人之美，那粒强劲的幼芽的种子又在哪里？

在这一短暂的6月之夜，浮现在我脑海里的是那些人的前途。我又联想起尤里和维克多的生活之路，打开记载他们童年时代的书页，把四十年前，即20世纪30年代的一件件往事，与今天的生活相比较。每当我越加鲜明地看到那些在生活中有着千丝万缕联系的上千个活生生的人浮现在我的面前时，就越加使我肯定，叩击我的心扉的那些问题也变得更加坚定不移：我们亲爱的后代子孙们，你们要成为什么样的公民？对你们而言，生活中最神圣、不可侵犯的东西又是什么？你们要在自己子孙身上留下人所具有的哪些特点？

你们作为人民中的一分子，在道德发展中，将自己提升了几个台阶？

一些人的命运问题深入到我的生活里越多，展现人对神圣祖国的关系、人与人之间关系的微妙思路越深刻，就越使我相信：人最重要的核心，也是人的一切取决于它和开始于它的最主要的核心，就是义务。人本身面对社会主义祖国、面对民族的精神与道德价值，面对他人的命运、欢乐、幸福、生活、生与死所应尽责任的意识和感受也就越多。义务——是道德上的集中点，精神上的核心。我们期待我们的子孙后代，都忠实于共产主义的理想，善于使个人利益服从于社会利益，在为社会服务中获取个人的美好生活；对敌人毫不妥协，情愿为祖国荣誉、庄严、光荣献出自己的生命，情愿与善于为他人做好事，这一切都取决于义务。

义务教育——这是共产主义教育的中心。我们的目的，就是培养具有崇高义务的人。只有具有崇高义务的人，才能真正理解什么是幸福；只有忠实于崇高的理想，人才能变得高尚，才会获得幸福，人内在的精神世界才会丰富精彩。

在人的关系中最为微妙的方面，我力求去寻找问题的答案：为什么两个少年，尤里和维克多，似乎在相同的条件下长大，却成了截然不同的两种人，一个是英雄，另一个是胆小鬼和叛徒？在多方面的人际关系中，往往能反映出我们的生活、我们的社会和道德进步中最本质的东西，如有崇高精神境界的人与维克多一类卑鄙小人所起的冲突——这些冲突，乃是尖锐的思想斗争，是与人心中那块难以侍弄的土壤里尚存的与旧世界势力的斗争，是为新人心灵的纯洁进行的斗争。

是的，维克多和尤里过着的生活和受教育的程度似乎是一样的，但是由大及小，粗壮的主根是从极细小的头发丝似的细根长出来的。在一次我们倾心的交谈中，提到的那位农村哲人米科拉爷爷，在帮我寻找那个细根。他说："维克多的心，冷酷……眼睛不瞎，心却瞎。他是一个只为自己活着的人……而尤里则不一样，从童年起，他的心就宽宏，坦坦荡荡，常常去关心他人。这是人之美所在啊！"

对我而言，这一思想成了人民教育道路上一道明亮之火光。正是这一火光，使那些几乎忘了的、许多需要解释的，以及由于自我反省而带来的问题，得以重见解决的希望。

回想起来，有这样一个例子，足以对一些疑问作出解释。

有一次，维克多的母亲病了，而这时维克多正要去少先队夏令营。母亲有病却瞒着孩子。母亲纳塔利娅本人也说："为什么要刺激孩子的心呢，让孩子的心不受到任何惊扰……"在维克多家附近，住着两位无儿无女的老人。维克多常到他们家去，爷爷、奶奶给他吃甜核桃。就在爷爷病了的时候，维克多的母亲却禁止儿子去看望老人，并反复地说："让孩子的心灵别蒙上任何阴影……"

这就是一个只为自己活着的人……在其童年，他无法体会到种种的心灵感受，母亲使他免遭强烈感情的刺激，这样一来，所有欢乐与忧愁、悲伤与恐惧进入不了儿童的心灵里。

尤里的童年却完全不同。他的心面对他人的痛苦与烦恼，总是敞开着。尤里对外公、外婆特别敬爱。虽然两位老人住在九里（四千五百米）之外遥远的邻庄，可他却经常给他们送去刚酿出的蜂蜜、自家果园里的苹果和梨。尤里的童年有欢乐，也有忧愁、激动和关怀。塔季扬娜对儿子总是慷慨地用自己的心去温暖、去爱，又以慈母般的智慧告诉他一个道理：一个人，只有把自己的精神力量奉献给他人，才能获得最大的欢乐和最浓厚的幸福。尤里对母亲、外公、外婆的关心，表明深入到他心里的是一个欢乐的世界，待人可亲、非常敏锐。有一次，在他读报时，读到法西斯分子在西班牙土地上的兽行之后，尤里哭了，彻夜未眠，直到第二天早上才平静下来。

这件事使我更加明白：敏锐、感受力强的心灵是什么样，而冷酷的心又会导致什么样的后果。

我亲眼看见人的诞生，发出第一个单词，用脚站立起来，以惊奇的目光看着世界；我时而听到无忧无虑的小儿的咿呀之语，时而又看到他们初次关于善与恶、荣耀与耻辱、正义与非正义所表现出的激动与沉思。这些使我更加相信，只有当一个人意识到自身的存在，把自己从周围世界里分离出来；在形成人的过程中，将成为“怎样”的人，即祖国怎样的公民、妻子怎样的丈夫、孩子怎样的父亲——在所有这一切之中，一方面是愿望，另一方面是义务，两者协调一致具有决定性的意义。

我多次观察儿童和集体的生活，在思索少年们的每一句话、每一个举动时，我力求看到个人与集体、个人与他人的关系中重要一点，就在于个人“想要”什么，个人“应该”做什么，应当为大众福利做什么？我研究了一些人的形成过程，以及他们从第一句话开始，直到得到公民证和中学毕业证为止，在家庭和集体里的发展和完善情况。我力求深入到最细微的、最隐蔽的人与人关系中去，为的是弄明白，愿望与义务的协调应该是怎样的。

我观察和研究的对象是最不相同家庭里的孩子们和少年们：有的孩子是生活在宁静和睦的家庭里，而有些孩子则生活在几经波折与震荡的家庭里；一些人拥有宁静的家庭氛围，另一些人常常处于冲突的环境；一些家庭一味去满足孩子的各种欲望，而另一些家庭的父母则限制孩子的愿望。

我坚信一点，每个人都应有一个核心，即公民的忘我精神；忠于人民的理想的集中点，就是义务。我作为一名教师，力求去探索这笔精神财富形成的规律。每一年，使我非常高兴的事，就是有一批新的社会优秀的人、积极建设者走进生活，他们学会为人民创造幸福和欢乐，并且在这种创造中感觉到个人的一种巨大的幸福。

在这里，我谈谈一位十七岁大的少年，他叫阿廖沙，有一双聪慧而又动人的黑眼睛。不过，他遭遇过不少的考验。十岁时失去了母亲，十四岁时又失去了父亲，成了一个父母双亡的孤儿。可阿廖沙并没有被吓倒，也没有沉沦。他成了家里的顶梁柱，他有个年迈的奶奶，她的生活和安康全依仗他了。“我上大学，决不能丢下奶奶。”阿廖沙在毕业典礼后那个短暂的6月之夜这样说。这才是真正的勇敢精神。可是这位年轻人并没有看到自己的行为有什么特殊。后来，他上了大学，靠助学金学习；晚上常常出去打工，微薄的工资不仅供自己用，还要供养奶奶。他在大学毕业后，当了工程师，现在奶奶就生活在他的家里。有一次，我到他家去做客，阿廖沙的奶奶对我说：“没有孙子的爱和自我牺牲精神，我早就不在人世了！”

生活越来越使我相信，如果一个人在童年和少年时代，对生他的人、把他养大的人，没有感恩之情，他就会变成冷漠无情、毫无怜悯心的人。

我明白了，义务——就是一个人身上的“法官”，是良心最重要的兴奋剂。对良心来说，义务就如同一只小船上的舵和桨。没有义务，就不会有良心，也就不会有做人高尚的原则。凡是感受不到“义务”这一崇高情感，又不在此中反映自我的人，不可能成为有个人信念的人。

为了激发一个人用崇高的“义务”去反映自我的意向和愿望，我道出一些教诲般的语言，去轻轻触及孩子们敞开的心扉，去观察他们的眼神，我明白了，在人的义务与人的思想信念、观点及其个人的立场之间，存在着某种非常密切的联系。看来善于建设这种联系，就必须确立“我要”与“应该”之间的协调一致，因为它是决定人在道德层面的协调一致。一个对高尚的义务没有切身体验，又没有在其中反映自我的人，不可能懂得真正的幸福和生活的欢乐，也不会感受到自己的幸福有赖于他人的劳动，不会对他人产生感恩之情。须知，感恩的情感，是充满义务感的源泉。

我相信，如果一个人在童年和少年时期没有在义务中反映自我，没有通过履行义务确立自己的品格，那么关于人与社会的知识和真理、关于善与恶、关于人所需要的东西，所有这些知识，即便被教育者们用种种不同的形式（教导、训示、劝诫以及教育者们为使学生们充满崇高精神而列举的道德范例）多次反复去讲，也不会触及孩子们的心灵，不会让他们有所感动。所有的问题就在于在教育中起着非常重要作用的一条真谛，就是一个人只有用头脑去理解事实，用心和心灵去感受思想时，才会形成人应有的信念、观点和立场。

每位教育者的理想，不仅在于学校，而且在于与成年人的工作中，都能力求去做到：当您面对孩子们，要树立道德美好、品德高尚的形象时刻，是在孩子们的眼里闪烁出欢乐激动的火花、心脏在急促地跳动、思想在向往着未来的那一刻。只有在那一刻，孩子才会去珍惜那宛如私人精神财富的道德真理。

对于我，一个教师而言，这种精神状态永远成为我的一个理想。但我相信，只有当一个人在与他人多方面的关系中尽义务，在“义务”中反映自我，并以此自觉地确立自己的人格和精神财富时，他才能用自己的教育影响力把学生引入到这种状态。

曾有这样一件事。

当我在给五年级学生讲故事，讲到一个人为了祖国的自由与独立而献出自己的生命、得到功勋时，所有的学生都屏住呼吸、眼里闪烁出激动的火花，在听着。可突然就在这时，在那奇怪的一瞬间，我看到一个学生那呆滞的、冷冷的目光。面对教师的语言，那种呆滞的目光、那颗闭锁的心令我不宁，带来苦恼的思索和不眠之夜。这种冷漠从何而来，为什么那神圣的东西触动不了他的内心深处？难道说，在他心里没有可以触及的角落吗？

我继续去接触孩子们的心，去观察并建立在集体中的责任与义务的相互关系，力求使幼小的孩子在一些事情上能反映出自己的道德面貌，并由此去认识自己和教育自己。我越来越相信，真正的教育始于教育和自我教育的统一。而这种统一，只有在人去珍惜某种东西，首先是珍惜人、珍惜自己与他人的关系，然后珍惜思想和真理的条件下才有可能实现。正如伟大诗人、思想家歌德所写："真理，只有在它为人所用的时候，才是真理。"

是的，要使道德真理、政治真理、思想原则、信念落在一个人的心里并扎根，那就要从人际关系开始。从搞好人际关系出发，会产生一种义务感：那就是我应该做个什么样的人，才能让人们看到我身上的道德美。那个心灵空虚、眼神冷漠的学生，凭我的经验，他就是没有体验过，不知道什么叫作珍爱他人，也不会知道为他人奉献、创造欢乐和幸福，就是在为自身带来一种欢乐和幸福。一个不善于珍爱他人的人，不会珍爱思想、道德、真理。因为只有在人际相互关系中，付出精神力量、兄弟情谊、相互帮助的情况下，思想才会产生。

于是，我产生出这样一种思维：即使是年幼的孩子，也有能力成为受教育的人，可以接受他们的长辈，首先是教师的教育影响。对于下面这个令人苦恼的问题，随着时间的推移，我越来越清楚地得到回答：为什么科利亚难于接受教育影响，为什么对他而言什么也不起作用？这是因为在他与周围所处的关系中，没有人赋予他那种崇高品格，即去珍爱某人、某事，首先去珍爱人、集体，然后是道德准则。就像变硬的土地水渗不进、肥施不进去那样，人的意识也是如此。如果他亲身体验不到什么是珍爱，那他就不会接受规劝、教诲和训诫。一个在义务中不能反映自我的人，就不会懂得“应该”这个词作为人与人之间相互关系中一种规律的概念。而在这种相互关系之中，一个人的福利、幸福和欢乐，往往取决于他人的福利、幸福和欢乐。

也许，有的读者认为，这些议论未免过于理论化、抽象化，与生活关系不大。不，一千个不。这是学校日常教育实践最本质的东西，如果您认可的话，这就是道德教育的入门。

在学校里，每一天都要上百万次地说出“应该”这个词。首先是作为教师对学生的一种要求说出来的。正是来自像“应该”这样的上百万块“砖”，方能砌成一座大楼，并被取名为“义务之人”。但为使这座“大楼”坚固，就需要打下坚实的基础。这种基础就是人在义务中的表现。在与他人和集体的关系中通过义务而得到的自我认可，对待“应该”这一概念，应看作自己对自己要求，也应看作良心嘱咐的要求。思考一下，对教育实践来说，就是一种有特点的不协调现象，是不无益处的。老师对学生常常说“你应该”，可是学生对自己说“我应该”却极为稀少，而且在多数情况下是不说。如果他对自己任何吩咐也没有，做个“义务之人”就是不可能实现的。

此时，我弄明白一个道理，就是教师应该使学生在面对自己的话语和意志时敞开心扉，使他成为一个对话语、教导、规劝和范例领会力强的人。

为此，我们必须在实践中做些什么呢？为了使“义务之人”这座大楼坚固、不动摇，应该如何去打下坚实的基础呢？

每一位公民都必须具有义务感，这是把个人利益与他人、集体、社会、祖国的利益紧密相连的一种认识和感受。义务，产生于人与人之间的相互关系之中，但要在义务中反映出自我，一个人就应从个人生活中最细小的事情上开始着手。在义务中，社会的愿望与纯粹个人的愿望奇妙地交融在一起。通往义务顶峰之路，即通往理解和感受社会和社会主义祖国利益之路，是从人与人之间的关系开始的。人，及其生活、斗争、欢乐与忧愁——是最复杂的认识对象，也是作用于内心深处产生义务感最强大的力量。我认为，孩子通往义务的顶峰之路，必须从自己有意识生活的头几步开始，形象地说，就是要用心去触及人的命运。要使外人的命运成为他深切关心的个人事情，要通过人的命运去开通认识最高利益之路；要使一个人在走向理想之路时，看到自己、正确对待自己。多年来的经验使我相信，要有能力以某种形式面对自己、对自己有所要求、驾驭自己的良心，这一切都直接取决于一个人在幼年时代有着怎样的欢乐和幸福的源泉。

来家长学校上课的家长们，有的是尚在襁褓中孩子的父母，有的是张开惊讶、惊异的眼睛看着世界的孩子的父母，我们在课堂上同那些父母思考、建议、讨论最多的问题，就是孩子们欢乐和幸福的问题。我深信，孩提时代的欢乐和幸福，是老师们和父母们共同关注的话题。毫不夸张地说，父母的教育之道，首先就表现在我们怎样对待儿童的幸福之上。依我之见，对儿童幸福的态度和对儿童幸福和欢乐的理解，是教育之道最重要的起源之一。儿童的幸福，打个比喻，有可能是旺盛跳跃而又暖人的篝火，也有可能是酿成大祸的火灾，所有的问题就在于如何控制火势上。召开一次教育学者和家长们的科学大会，讨论的唯一问题，就是儿童的幸福问题，这显然大有必要。如果这个问题在理论和实践方面得到正确解决，整个教育上的一大半困难就迎刃而解了。

一个人的形成，以及与他人多方面关系的形成，实际上取决于怎样用理智和心灵在认识世界的孩子面前展示幸福。更确切地说，取决于教师善于在孩子面前如何揭示幸福。关于幸福的概念和对幸福的理解与感受，决定着小学生承接老一辈人所创造的、历尽艰辛获取的道德财富的能力，并善于去珍爱这些财富的能力。特别重要的一点，就是当一个人认识到把为人民服务、为伟大的共产主义理想服务看作自己生活的最大意义的时候，他才能登上道德发展的新台阶。只有懂得幸福的真正含义和真正价值的人，才能认识自己，才能掌握自己的思想、情感和精神上的冲动，最后成为自己良心的主宰者。

我们大家都是参与教育孩子和少年之人，是对孩子的命运负责，也是对人民的未来负责的人。由于在社会的许多家庭里，孩子们不知何谓幸福，对此，不能不引起我们的担忧。令我深为遗憾的是，孩子们在生活中被激发出来的所有欲望，都由疼爱有加的父母们给予满足，生活愈加舒适、安逸，愈会养成他们从小就随心所欲去索要，无节制地去满足自己私欲的习惯。那些孩子的愿望和需求变得越来越畸形，凡是与个人利益无关的事情，一律不愿去做。靠这种“幸福”养育出来的孩子，就是一些大不幸之人。他们不懂得社会的道德财富是什么样的。而在学校里，如果要讲清只顾满足个人要求会导致严重后果的道理，我们就应当加倍努力，去提示人所应具有的那种真正的幸福。

依我之见，教育的理想，无论是在家庭还是在社会，就是要使一个人的幸福成为关注不安和忧虑的问题。根据我的看法，教育的最鲜明的一个方面，就在于使人具有一种强烈的情感和精神上的感受，小孩子能懂得大人的那种关怀。没有经过艰苦、没有经过紧张，得到幸福是难以想象的。这里，引用高尔基的一句话：“事业，就是创造性劳动，是一种建树。”劳动，是良心和义务最初的，也是最为忠诚的捍卫者。广义上的劳动，是心灵的激情与手能量的一种融合；是一个人对他人、对集体、对祖国的一种态度，即以一个公民身份在为人民服务的舞台上，用崇高的精神力量去表现和反映自我的一种态度。

童年、少年、青年早期的幸福之主要源泉，是经久历远地去尊重劳动。这种尊重劳动的情感，是由义务这一精神纽带，把孩子与他人——起初与亲人，然后与所有正直的同胞联系起来的。从尊重劳动的情感中，从认为劳动是幸福的创造者的思维中，产生出一种“应该”状态。没有这种状态，去谈人的基本道德素养及其对自己未来的责任，就是不可思议的。只有当孩子对父母的劳动、对社会上的劳动具有惊讶、惊奇之感时，那种“我应该”的思想，才能在孩子身上产生出来。

我一向力求让孩子们睁大眼睛去看母亲和父亲的劳动，从中能激发出惊讶、惊奇之情感，树立劳动的愿望，其目的在于使孩子们感受到劳动是一种无与伦比的欢乐和自豪。我确信，让孩子们认识世界，就应该首先去认识劳动，其中包含人与人之间建立的多方面关系，也应当始于通过儿童劳动来表达自己与他人的关系。假如儿童最初的关切、忧虑、不安、激动是与自我表现相联系的话，那恰好就会产生出愿望与义务之间的协调性；没有这种协调性，想让孩子成为高尚的人是难以做到的，成为一个合格的好公民也是难以企及的。

每当我向一年级小学生们讲：萨沙的妈妈是在乳品生产加工厂工作，她用自己的劳动，让五百多人吃上乳制品；而格里沙的父亲，在绵羊饲养场工作了二十年，他用自己的辛苦换来几千名工人、集体农庄庄员有暖身的衣服穿。讲到此时，眼前的学生们的眼里各个闪烁出喜悦而骄傲的目光。孩子们看到了他们自己所不曾看到的事物，而这些平平常常、一点儿也不引人注目的日常现象，刹那在他们眼前展现出了另一番景象，那就是在孩子面前揭示出这样一条真理：父母生活里的劳动，是他们对人民大众所尽的一种义务。正由于履行了这种义务，人才能使自己成为具有社会地位的人，人们才会去尊重他、器重他、珍爱他。

孩子对父母所从事的看似平凡但伟大的劳动，感到惊讶、惊奇的情感越深刻，他为父母做点儿什么的愿望就越真诚。父亲们、母亲们，你们要把这种愿望看作孩子心灵中巨大的道德财富去珍惜。

在这种愿望中，还恰恰包含着那潺潺小溪般的关心、不安和忧虑，这是父母真正的幸福。假如您的孩子想用做点儿什么来表达自己对父母的爱的话，请记住，这是伟大的社会化过程之开始，是孩子攀登义务顶峰路漫漫之起点。你们要记住，孩子也跟我们成年人一样，在劳动中，同样表现出对他人、对义务的态度。这是使儿童精神力量紧张的一种活动。这种劳动，仿佛是在翻耕一块坚硬土地那般，在这块田里，我们（家长、教师、社会）所要做的就是播下公民觉悟、爱国主义和忠于崇高理想的种子。劳动，反映出一个人对他人，其中也包括儿童对成年人的态度，是儿童产生最初的社会道德信念唯一且无可替代的源泉。这种信念是，“我现在做不到，但将来要做很多事情去报答父母”；这种信念是儿童产生敏锐良心的基础。由于这种信念的发展，随之体现出良心谴责的人，是永远都不会向父母提出无理要求的。他不仅把父母看作生他、养他的人，还把父母看作他报答社会和祖国的活生生的化身。

为使孩子能找到一种可表现复杂的精神上的激情与渴望的劳动，需要很强大的教育技巧。即使有一种劳动是无足轻重的，但在孩子们的生活中，一个新的、精神丰富的、充满愉悦情感的时期，就是从这一劳动开始的。这里特别重要的是，它不是娱乐，也不是游戏，而是要求孩子付出他力所能及的，而又相当紧张的真正的劳动。不要怕孩子付出紧张，不要怕孩子流汗和手掌上磨出水疱。只要人类存在，那颗细腻的、敏感的、温柔的心灵，只能靠劳动来培育。而这种劳动，自然会带来疲乏、流汗和水疱。一颗高尚的心，是在紧张的体力劳动中磨砺出来的，因为这种紧张是受着精神高尚的动机所鼓舞而来的。

我确信，这种看似普通，不引人注目的儿童劳动，在学校和家庭的教育中，在我们社会生活中，是最细腻而又最柔和的事情。家庭是第一个源泉，爱国主义的情感和信念的大河就是从这一源泉开始的。在我们教育孩子的制度里，对这种劳动，不知为什么很少引起人们的注意，这简直是不可理喻的。

现在，我并非出于偶然去沉思：祖国从何而来？面对祖国，谈论伟大的义务感的源头，不仅使我们感兴趣，而且也使我们有所担心和不安。

不久以前，我和过去的一个学生交谈，现在他已是三十岁的集体农庄庄员了，是我现在的两名学生的父亲。他指着自家门口一棵挺拔的白杨树，激动地对我说："记得吧，您向我建议：为母亲栽一棵白杨吧！我栽种了，并把它养大了。我的母亲当了二十五年甜菜种植组的组长，每一年，她都给人们提供上千普特[①]糖。我为母亲骄傲。对我来说，她就是我心中永远的真正的英雄。我怀着对母亲的爱栽种了这棵白杨，并对它爱护有加，希望它能像母亲那样美丽、自豪。在照料这棵白杨树时，使我感到，我是在接触某种宝贵而又神圣的东西——想要使自己变得更美的东西。这种童年的劳动，使我的思想变得成熟了。"

在我看来，教育是难以获取的一种幸福。在这一艰难、复杂

① 1普特约为16.38千克。——编者注

的事业中，非常重要的一点，就是要使一个人在童年和少年时代去理解这一真理：在我们的时代，有一种特殊的、无与伦比的、不轻松而又细腻的劳动——就是走进人群中，给他们带去自己的精神力量。当然，在我们的社会里，对这些人是应该给予帮助的，给他们带去一桶水、劈劈柴、送些面包等。但是，对于更多的、更广泛的人来说，需要的是人心灵上的温暖、亲热、同情和善意的话语。善于看到人、需要人——这是心灵上一笔巨大的财富。在这一财富的创造中，我看到义务是必不可少的一课。精神感受到的世界就是从这里开始的，而幸福又是在精神感受到的世界里经历许多焦虑与不宁而得到的。因此，幸福才成为无比珍贵的东西。

我认为，最重要的教育任务，就要从人有意识的生活起，在他面前展示出社会生活的巨大、祖国的辽阔，以及为祖国的独立、荣誉和强大而斗争的世界。把人带进这个世界里的，并非是那些缺乏热情的学者和观察家们所为，能这样做的人只能是那些具有积极行动，而又具有自己的立场、自己的观点和对世界上所发生的事情感兴趣的人。实际上，这是一个对下一代人进行道德教育的核心问题。

我坚信，童年和少年时期应当是发展人的精神生活一个重要的时期。在这一时期，孩子会特别敏锐地感受到最初的公民愿望——显示自己的个人力量，在社会生活广大领域里反映自我，体验并感受到自己参与到了伟大的、崇高的事业中去。这意味着，那些重要的道德、理想，即为祖国的命运、它的强大和光荣，为共产主义的胜利而斗争——所有这一切，都应当成为学生们所向往的事情。

教师的语言，是影响少年人心灵无可替代的强大手段，但这里有一个非常重要的条件，那就是需要您能做到使年轻人在履行对他人的义务中反映自我，在为他人创造幸福和欢乐中获取幸福。这一切都做到了，那年轻人就成为可教育的人，他有能力接受教育的影响，可以接受语言教育的影响。凡是在童年和少年时代，不理解真正的人的幸福，并在一味追求个人幸福的氛围中养大，那他就会成为对语言、召唤、规劝、教育、嘱托完全没有领会能力的人。

我，作为一名教师，力求把受教育者引领进社会生活的广阔世界里，靠什么才能使他们成为一个好公民呢？为了能在孩子的心灵里播下易于繁殖、令人震惊的“语言”种子，是在把孩子心灵上这块硬土层翻耕之后，我才走进儿童和青少年敞开的心扉。语言，就是一束火光，它能帮助孩子们看到比日常个人生活世界更高、更有意义、无可比拟的东西——即祖国、人民及其历史命运，以及它的渴望和希望。语言，不只是报道信息的工具，其主要功能，是让青少年公民的那颗心，在为自己的伟大祖国感到骄傲而颤动，为人民争取自由和独立的勇士情怀而颤动，为仇恨敌人而颤动。只有在这时，那种对伟大、崇高事业的愿景才会产生出来。

每当我对自己的学生们讲那些在战斗中牺牲的英雄事迹，讲那些为祖国奉献自己最宝贵东西的母亲的不幸和自豪，讲在20世纪文明的野蛮人杀害越南孩子的事件，讲现在资本主义世界那些年轻人的悲惨命运时，我一刻也不会忘记，我的语言，永远是一种召唤，是使学生们坚守社会主义祖国尊严和荣誉的一种召唤。当教师的语言，在少年的心灵里，酿造出一种为鼓舞劳动所需的精神能量，在公民为人民服务的舞台上反映自我所需的精神能量时，义务就会在少年的心灵里永驻。我们不应该忘记，如果教师的语言缺乏热情，如果他的心灵死气沉沉，如果他的语言只是为了传递消息，那么，在少年的心灵里，为完成崇高义务所必需的那种精神能量是确立不起来的；不仅如此，还引发不出年轻人的任何兴趣。

语言的教育力量，体现在教师的立场、观点以及他对世界的态度上。

在当今世界，如果在少年的心灵里没有仇恨、没有热血沸腾、没有为崇高的共产主义理想奉献自己力量的准备，那就不可能有对社会主义祖国的爱。教育学生去憎恨帝国主义，去憎恨反共产主义势力，去憎恨那些把世界当作未来的战场、把人民当作枪口下之肉的敌人，是教师、学校的教育实践最为崇高的、最为人道的目的。憎恨敌人的人，就是爱国主义之爱的捍卫者。憎恨敌人、对思想反对派毫不妥协，会使少年那颗心成为细腻、温柔、敏锐而又富有朝气的公民之心。一个把憎恨敌人、对思想反对派毫不妥协看作自己精神财富的人，这个人就会有自我牺牲的精神，这种精神又表现在对待劳动的态度上，在劳动中反映出的思想里，以及对理想的动机上。一个人，只有善于去痛恨敌人，才会有他自己的立场和自己的世界观。

在我们的孩子们戴上少先队红领巾的那一天，我给他们讲了战争时期的一个英雄故事。我们的战士强渡第聂伯河之后，在为解放河边一个不大的小城顽强战斗。战士们占领了一座房屋。在房屋的地下室里，有许多躲避战火的妇女和孩子。其中有一个小姑娘在伤心地哭着，因为法西斯分子夺去了她心爱的、漂亮的布娃娃。而那个法西斯分子从该处逃跑时，把它扔到了街中心。有一位年轻的苏军战士，冒着法西斯分子的枪林弹雨，冲向布娃娃，把它捡回来，带到地下室里归还给了小姑娘。就在当天，我军向敌人发起攻击时，那位战士，怀有那颗温柔、高尚的心，端起刺刀，刺杀了那个法西斯军官。我讲这个故事，是想让人懂得，那位年轻的战士不但有一颗灵敏、温柔、敏锐的心，同时，他还有一颗毫不留情去憎恨敌人的心。

年轻的公民对那些看似与个人无关的事情越是关心，他的个人生活就越丰富，为了证实自己是一个公民渴求做出点儿什么的愿望就越深刻。

这里有很重要的一点，就是要使年轻的公民们都有充分的精神准备去参加充满崇高精神的劳动，使他们表现出自己是一个公民的样子。我相信，如果在童年和少年时代，劳动无数次地受到源自对敌人的憎恨和不妥协精神的政治思想所鼓舞，少年的心灵就进入了公民的成熟期，也就是为人民、社会、祖国而进行的任何公益劳动，都能以成熟的态度忘我地去对待。

“义务”教育，不仅是教育理论和学校生活的中心问题，最重要的，它还是社会政治问题。

劳动与义务

我收到一封受同村所有人尊敬的一位女庄员的来信。她在信中说：

我真不好意思去讲自己的不幸。我有一个儿子，是个十六岁大的小伙子了。我非常宠爱他……可现在，我对儿子阿纳托利该怎么办呢？他不愿学习，也不愿干活儿。不久前，他冲我扔下这样一句话："如果节日前你不给我买一套新衣服，我就不上学。"我回答说："现在不能买。再说了，我把一切都花在你身上了，很多东西我都舍不得给自己买。"他说："谁让你是母亲，自己活该！"说完，砰的一声关上门走了。

这封信令我焦虑不安。这对母子住在离学校不远的地方，乘公共汽车几个小时就可到达。于是，我就与阿纳托利、他的母亲和老师们进行了交谈。老师们都伤心地说："母亲是位出色的劳动者，荣获过勋章，可她儿子却是个令人难以置信的懒汉……"

这究竟是怎么回事呢？为什么一位热爱劳动的、把一生都奉献给人们的好母亲，却养出了那样一个儿子呢？为什么一位心地善良、对人体贴入微的母亲却有个冷酷无情的儿子呢？我努力去探察这个十六岁青年的童年和少年时代的生活。探察的目的是再一次检查三十年来一直使我思绪不宁的真相。

……就在孩子第一次哭泣，向世界宣告自己诞生时起，他的举动就已开始，他的行为就已开始。他就渐渐地发现世界，并用智慧和心去认识世界。他看到母亲，投之以微笑；他的第一个模糊思想，如果能称之为思想的话，就会觉得，他的母亲（然后是父亲）是为了他的欢乐、为了他的幸福而存在的。孩子能站立行走了，看见鲜花和在花丛中飞舞的蝴蝶，见到新玩具，他会高兴得不得了。这时妈妈也好，爸爸也好，就会高兴不已。注意，一种行为规律是渐渐形成的。如果一个小孩子的行为举止、兴趣只追求个人需要，继续下去，就将使人变为畸形。他对生活的要求越来越多，而对自己几乎没有一点儿约束，那他的发展势必不会正常。

由此，那种懒惰、无所事事、不劳而获、冷酷无情，对为自己而劳动的他人采取冷漠的态度，这种状况会滋生出纤细、娇嫩的须根和不好的营养汁液。随着时间的推移，孩子就会发展为精神空虚，然后便会产生一种失望心情。这种失望心情，对在童年和少年时代过着无忧无虑、心满意足生活的那些青年人来说，他们在刚一迈上独立劳动之路时，立刻就会感受得到。

只有把人的行为举止，为满足最初的、最基本的，甚至在某种情况下的原始动机的需要，与最有力、最细腻而又最为智慧的动机——“义务”相结合的条件下，才能正确地、和谐地培养人。说实在的，人的生活往往是从那些不愿意去做，而为公共利益又必须去做的事情开始的。

要使他人更为崇高的需要——“义务”这一概念，越早进入人的生活里，那孩子就会成长得越发品德高尚、精神丰富、道德纯洁、忠诚。

究竟怎样去培养孩子的这种义务感呢?

我用几十年时间编了一本文选，题为《义务之美》，里面汇集了一些伟大、高尚人物在祖国、社会、亲人面前履行义务的故事。

读这些义务之美的故事，好比是让孩子们了解步入生活是为了义务，为了自觉、高尚的劳动在做准备。

男孩们建了一个果园，我们形象地把它称为“母亲果园”，还有一个葡萄园。每一个孩子都有属于自己的一棵树，他负责照管，为它出力、为它操心。此时，孩子们首先不是被母亲们和父亲们去关照的对象了，而是一个劳动者。孩子完全彻底地认识到童年的劳动和欢乐。

为了培养孩子在思想上的成熟，为了使义务感成为集体生活的精神基础，我们应关注孩子们，培养他们对物质财富的责任感。多年来，我们这里一直设有一个少先队小型机械化小组在活动。共青团员们也有一个青年机械手工作组，他们还掌管着更多的物质财富。

一个十五岁大的少年在田地里走着，看着他在田里亲手种出的小麦，耕作、施肥、看护和防止土狼侵蚀，这些也是他亲自去做的。由此，他深感自豪：这都是我干出来的。一个人在劳动成果中看到自身价值越鲜明，义务感在他心中、意识中就越深刻，他也就越想成为令人尊敬的、具有崇高理想的人。他也会更加严格地审视自己，他的心声会更严厉地要求他去说："这是我应该做的。"

人在劳动中，创造物质财富和精神财富的同时，也在创造自己。我们希望孩子们都能成为真正的人，就该忘却如何让他们过上那种轻松、无忧无虑的童年生活。少年时代和青年早期的生活中，没有劳动、没有体力和精神的紧张是不正确的。

劳动要求体力和精神力量的紧张，没有这一点，做个热爱自由劳动的共产主义者是不可能的。对教育而言，那种把共产主义看作轻轻松松、无忧无虑生活的观念，是极为错误、幼稚，而且是非常有害的。一个人，从强制劳动的奴隶地位摆脱出来，绝对不是为了成为懒惰生活的奴隶。

我国正在实行史无前例的人类事业：几乎所有十七岁以下的青年都必须坐到课桌旁读书。一旦在思想教育和劳动教育面前，包括它的复杂性和多面性，变得软弱无力，都会使学生面临物质福利和精神福利消费者的危险。而且，只能如此。看到一个九岁大的男孩激动地系上少先队红领巾，他将会成为明天的公民，这正是把劳动和义务融合在一起的、意义巨大的教育之道。

致一位年轻父亲的信

在我的邮箱里，有一封年轻父亲的来信。

“有一个问题令我不安，请您回答，”一个名叫安德烈·亚历山德罗维奇的国营农场工人写道，“我有两个儿子，一个六岁，一个五岁。我和妻子在畜牧场工作。我们拼命干活儿，为的是让孩子们得到幸福。但他们是否幸福呢？这一问题现在正折磨着我。每天早晨，我都送孩子上幼儿园……尽管我不知道为什么要去送，其实他们是可以自己去的。那个幼儿园办得不错。有一次，一个早晨，大儿子奥列格使起性子，不喜欢穿他母亲给他缝制的那件衣服。我们正走在路上，他悄悄地脱下来，扔到草丛里。到了晚上，有人把衣服送了回来。而另一次，是小儿子弗拉基米尔，不知为什么不想在走廊里脱鞋，穿着一双带泥的靴子进了房间。当时，薇拉阿姨责怪他几句，可他却对她说：‘你去把泥给擦擦吧……干这种活儿你是可以得到钱的……’我的两个孩子对劳动如此冷漠，采取漠不关心、无情的态度令我吃惊。”

是的，尊敬的父亲，您提出的问题值得深思。在我们的生活里，如何对未来以及正在成长的一代人进行教育，确实存在着一个最复杂、最困难、最迫切而又不可避免的问题。

在帕夫雷什中学里，设有一个家长学校，由教师们负责创办。父亲们和母亲们都来上课，我们所做的事，我称之为深入研究童年。是的，如果把我们的生活比作一棵花朵盛开的树，那我们的父亲们、母亲们就要一起去研究花朵：对满树鲜花期待着什么？它会结出怎样的果实？在家长学校开设的二十堂课上，有关孩子的幸福问题，总摆在最重要的位置上。

我们注意到，孩子的愿望在许多家庭里成了一种动力。父母们用尽心思使孩子们免受风风雨雨和苦难，免遭情感和感受方面的刺激——然而，最大的不幸正在于此。令我吃惊的是，有很多已经七岁大的孩子，竟然不知在人的生活中会有不幸。

一个六岁的小姑娘与一位老奶奶很要好。这位老奶奶是我的一位邻居女庄员的母亲。小姑娘常去看望老奶奶，给她送苹果、核桃，而老奶奶给她讲童话故事（很遗憾，在许多家庭里，奶奶讲童话故事令孩子着迷的情景已见不着了）。突然有一天，老奶奶感到她的末日即将临头了。于是，母亲便让小姑娘到邻村亲戚家去住，一住就是一个月。为什么呢？为的是不让她那颗童心免受亲人死亡的惊吓。小姑娘一回来，立刻去了邻居家。“妈妈，奶奶呢？您一定要告诉我，达里娅奶奶到哪儿去了？”妈妈回答说：“奶奶走了，等你长大了，你就会知道的……”你看，有些父母极力去保护孩子免受强烈的情感刺激，竟达如此地步。

另外一件事，我直率地说，在某些家庭里，孩子的愿望成了认识、理解世界的唯一推动力，这种愿望渐渐变成了任性，孩子们也失去了真正的幸福。他们的不幸就在于过多地去追求个人的幸福。用现成的福利去供养，会使孩子们丧失正确认识世界的可能性，这意味着丧失真正的人的幸福。人的幸福，不能像遗产那样传递和继承。凡是企图像传递姓氏那样把幸福传递给孩子们的家里，只能养出恶棍和懒汉，他们会像血吸虫那样吸尽父母的血汗。

教育者——父亲、母亲、教师的真正智慧，就在于要善于给予孩子幸福。童年的幸福，如同奉献出温暖和食品的平静的炉灶之火，但是，这种火也有可能变为灾难性的火灾。亲爱的父母，这完全取决于您如何去控制火。聪明之处，就在于使您成为炉灶的司炉，这是全部教育智慧之本。我可以完全负责任地说，诸如酗酒、流氓、犯罪一类社会灾难，其开始往往是由那些看似无害的、小小的须根所滋生出来的。

孩子刚一睁眼看世界，刚一意识到自己的存在，就有需求东西的愿望。需求，是人生活的动力。由于需求，才产生愿望。但是，人类教育的全部实质，就在于使个人的愿望与集体、社会、人民、祖国的利益相一致。从孩子最初有意识的生活起，就应该使他的愿望成为文明的。人的愿望的素养，是家庭、学校教育的主要途径。我们使家长学校里的母亲们和父亲们坚信，给予孩子幸福，首先是使他们的愿望具有合情合理性、符合道德上的理由充足，又可称为是应当应分的，从社会的观点来看就是朴实的、可以达到的和可以实现的愿望。为使文明的愿望注入家庭生活中去，力量何在呢？怎样才能使后代子孙不再奉行“我想要什么，我就去干什么”这条原则去生活呢？

这种强大的教育力量就是劳动。很可惜，游手好闲、无所事事的习气，甚至渗透到了似乎不可能造就游手好闲的农村生活中去。有一对夫妻都是国营农场的出色劳动者，他们有两个孩子，男孩上五年级，女孩上六年级。女老师问女孩：“你和弟弟在家擦过地吗？”女孩答：“没有……要知道，我们家的地不用擦，地上铺着地毯。”其实，姐姐和弟弟不知道，在他们睡觉或上学的时候，母亲把地毯拿起来抖干净，并擦了地。

尊敬的安德烈·亚历山德罗维奇，我们该想一想，在旗帜上写着“不劳动者不得食”的社会里，能允许这样的行为吗？社会在劳动、纪律、义务、行为方面，都对每个公民提出严格要求。履行这些要求，是对个人的发展和自由的一种保证。形象地说，一个人在童年时代不去坐在书桌旁，不去接受终生所需要的愿望素养教育，那么他就会像没有经过劳动——没有经过这位聪慧园丁精心修剪的野灌木那样，长大后，再让他坐在书桌旁可就难上加难了。一个人在童年没有学会控制自己的愿望，没有感受到自己的愿望必须符合道德的真谛和具有充分合理性，那他就会与社会要求处处矛盾，变成社会上没有指望的人。一个人在童年，一味地去追求个人的幸福，必然没有愿望去学习。接下来，更可怕的灾难就会到来，不愿从事生产劳动。这如同一环扣一环的链条分不开了。

幸福并非是可以捕捉到的神奇火鸟[①]。幸福，它应该是去建造的真实的大厦。我所设想的儿童劳动，是一个多方面的、广泛的概念，需要体力、精神、意志、道德力量的付出。这种付出，既表现出一个人的自我，也确立出自己在惩恶扬善斗争中的立场。

特别重要的是，孩子在小时候的劳动应最大限度地人性化，即以一种充满追求的精神去为他人、社会、人民、祖国带去福利；并且，要使劳动成为人的自然状态，成为人的一种习惯。

生活千百次地使我相信，真正的幸福，是那些上学之初就开始自己劳动生活的人才能获得。劳动不是儿戏，而是真正的劳动生活，随之而来的是辛苦劳累、磨出茧子、需要休息和达到目的的欢乐——这些恰恰是人的良心卫士。没有这个卫士，那种舒适、柔和的幸福之火就会变为火灾。

这就是为什么多年来我都认为劳动与知识相协调，这也是我们教育集体关切的一个重大主题之所在。我亲眼看见成百上千人的命运的形成过程，而他们之中那些成为最幸福的人（不仅在全社会人们的眼中，而且在个人的精神世界里也这样认为），就是从童年时代开始劳动生活的人。

---

① 现实生活并没有此种鸟，它是在俄罗斯童话中出现的一种神奇小鸟的名字，称为火鸟。——译者注

在我们村里有一个美好而幸福之家。父亲名叫彼得·格里戈里耶维奇，从事牧羊工作；母亲名叫安娜·彼得罗夫娜，是个农艺师。他们有三个孩子在上学，十四岁的安娜读完了七年级，十二岁的帕夫洛是五年级学生，九岁的奥莉佳是个二年级女生。孩子们学习优秀，劳动也出色。曾有过这样一件事：女教师在班级记事簿上给安娜打了个四分。课间休息时，安娜走到女教师跟前说："老师，我求求您，不要在记分本上给我打四分，我会学得更好，会得五分的。我家遇到了巨大不幸，集体农庄里的甜菜被淤泥掩埋了，现在我妈妈该怎么办才好？难道这个时候我能给她带去一个四分吗？"

有一次，在家长学校的课堂上，一些母亲和父亲纷纷请求："您讲一讲吧，彼得·格里戈里耶维奇，您是怎样培养自己孩子的。您是怎样做到使孩子们害怕给您和他们的母亲脸上抹黑的？……"彼得·格里戈里耶维奇犹豫了一下，回答说："我们经常跟孩子们在一起劳动，这大概就是我们的全部教育。因为他们在劳动，他们是自己在教育自己。我和妻子是这样想的：劳动——就是一个最用心、最忠实的保姆，还是个最谨慎、最严格要求的人。"

在这些话里，充分表现出劳动人民教育观之睿智。亲爱的父母们，不要怕儿童去劳动，不要把他看作只需要去保护的小小孩儿。每当您看到孩子提着个小水桶，一桶又一桶，三桶、四桶地去浇花、浇葡萄，看到他因流汗而感到累了的时候，您不要惊慌。这种劳动对他来说，是一种实实在在的欢乐，是世界上任何一种欢乐不能与之比拟的。人在这种劳动中，不仅了解了周围世界，也了解到自我。童年时代的自我教育，就是从认识自我开始的，同时也使这种认识成为一种欢乐。有个五岁大的小男孩，栽培了一丛玫瑰，他那惊奇的目光看到的不仅是他亲手栽种的奇美的花朵，还看到他自己："这难道是我种出来的吗？"孩子在感到劳动是一种无与伦比的幸福的同时，也认识到自我，成为母亲和父亲在教育方面的朋友、唯一志同道合者和助手。就应该这样去理解那位父亲所说的"他们是自己在教育自己"那句话，这就是劳动教育的真谛所在。

当孩子到了六至八岁时，夏日里，母亲就可以领着他们下地干活儿了。孩子就会产生出母亲怎么做，他就照着去做的愿望。在干活儿的日子里，孩子会认识多少新东西啊！他会看到美丽的朝霞、草地上轻纱般的云雾、林中喳喳叫的小鸟、田野里突然窜出灰色野兔和一只狡猾的狐狸，以及云雀在蓝蓝的空中歌唱、夏日阳光照耀下远方的田野、峡谷里涌出清凉的泉水——所有这一切，都将被视为珍贵、难忘的东西，终生留在孩子们的记忆里。傍晚时分，晒黑了的、疲倦了的孩子，脑子里装满了许许多多的印象回了家。他小心翼翼地从大车上把装着一些植物的穗和茎、土壤和肥料的样本以及夹在书页中间的野花的袋子和厚纸夹送进屋里。这一切不是游戏，而是劳动。是的，这也是童年时代的一种欢乐。

八到十岁大的孩子，有时十一岁，在暑假的日子里，就可以整天跟父亲去干活儿了。

彼得·格里戈里耶维奇和安娜·彼得罗夫娜的孩子们已是果

园、葡萄园的小主人了。父母不会常常去帮助他们干活儿，只不过是在他们有什么不懂的地方去帮助。

果园里有块地，在那里栽种的是葡萄秧苗，分给校内的同学照管。这个果园称为“众人的果园”。园子里的苹果、梨、葡萄成熟了，果实属于二十几位朋友和同学。有时晚上和节日里，孩子们还会在果园里看书、排演童话剧，当然，还会吃着甜甜的果子。

每当夏日，有几个星期，彼得·格里戈里耶维奇和安娜·彼得罗夫娜的孩子们还去养蚕。养蚕能为自己挣上一些钱，用这些钱去买衣服、鞋子、教科书和学习参考书。现在，他们长大了一些，钱也挣得多了，足可以去大城市旅游了。

彼得·格里戈里耶维奇的孩子们已去过莫斯科、列宁格勒[①]、基辅，但那些远行和迷人的旅游，并没有减弱在节假日到田里劳动激发出的那种狂喜和活跃。亲爱的父母们、老师们，让我们的孩子们在劳动的世界里，从第一次看到田野、第一次迎接朝霞、第一次聆听云雀嘹亮的歌唱的那个幸福年代，开始他们的精神生活吧。

我收到家长们的许多封来信，信中多次提到一个令人惊恐不安的问题：为什么孩子不尊重我呢？我是他父亲、他母亲啊！

尊重来自于父亲、母亲、孩子之间共性的精神生活，尊重——不单单是子女对父母所从事的事业有所了解。往往有这样一种情况，有的儿子明明知道母亲为他付出许许多多体力和精力，但就是对母

① 列宁格勒，即今圣彼得堡。——编者注

亲漠不关心，冷酷无情。尊重父母，意味着要在某些方面表现出自我，要看到自己亲手为他人、为他人的幸福所创造出来的东西。孩子们对母亲、父亲的那种爱——是为了给亲人带去幸福而付出精神力量的一种欢乐。

我知道，我会收到不止一封内容大致相同的来信，信中会说："我生活在大城市里，在实验室（或设计局）工作。就为了一种真正的教育，我就该把孩子带在身边，让他们跟我一起去劳动吗？"当然不是，不一定要这样去做，但一定要让您的孩子看到并用心去感受到那些奉献出自己精神力量的人们。

为了去劳动，不一定要在田里和牧场。就在不久前，我在省城里碰见这样一件事：六年级学生阿廖沙的母亲，无论如何也想不出该给孩子找点儿什么事干。也有别人家的孩子们闲得无所事事。可就在他们住的同一座楼里，住着一位半盲的残疾人，见不到有人给他读读书。如果孩子不用心去感受他们身边那位活生生的有需求的人，怎么可能去谈尊重母亲、父亲呢？

只有当劳动成为人与人之间关系的纽带时，劳动才会成为机警的卫士和取之不尽的幸福源泉。一个人在童年时期通过劳动所表现出对人的态度，到了成年时期才会成为公民义务的基础。

只有在童年时期通过劳动，才会认识到一条非常重要的生活真谛：劳动是艰苦的。无论在什么样的条件下，劳动都不能成为轻松愉快的游戏。无论学校、家庭，还是社会，有一个非常重要的共同任务，就是要使孩子们走进生活，成为有坚强的共产主义信念的人，成为有崇高理想、待人热诚而又聪慧的人，成为善于遵从伟大的公民生活方式去生活的人。

现在，我们的谈话就结束了。本该谈论幸福的问题，可实际上谈的却是对待劳动的问题。不然的话，就谈不上讲教育和世代相传的逻辑问题。如果您也能给孩子们这样的幸福，他们就会成为真正的人。

译后记

我十分喜爱、分外看重这本《家长教育学》。记得我在接触俄文版《家长教育学》时，是在1999年年底。当时我就认为这本书很有价值，是读者，尤其是父母们必备必读之书，便开始动笔翻译。但由于当时正着手主编《苏霍姆林斯基选集》（五卷本）这一巨大工程，只好把译有近半的译稿放了下来，全身心地投入主编、主译校那部280多万字的巨书。足足耗时2年，终于那部书与读者见面了。当时，我的心情分外激动，在笔记里写下一句话："奋之求索，报之以果。主编选集，有益于后代子孙，也在我身后留下一个痕迹。我为之幸福，为之欢乐。"后来，又接连著译几部书和处理一些版权事宜，就把翻译《家长教育学》一书之事搁置下来。

谁知，事隔20年，就在2019年3月里的一天，幸运竟光顾到我的头上，中国妇女出版社策划中心主任应莹告诉我，副总编辑廖晶晶编审要亲自来与我谈译《家长教育学》一事。说来真巧，话音刚落，我又接到教育科学出版社编审祖晶主任的电话，她说：“社里决定请您译《父母的智慧之爱》一书。”两位主任谈的书名不一样，其实就是一本书。很快，廖总带领应主任和责任编辑耿剑同志前来我处，与我签订了出版合同，商谈了许多出版事项，并提供了一些有助于翻译的参考材料。当时，我内心充满了感动。我已耄耋之年，还被出版社信赖和委以重任，涌在我心头的话语很多，却只凝结为一句：“谢谢！谢谢！”

我与中国妇女出版社的缘分还有从前一段故事。那是在2018年5月，廖总和应莹主任亲自来我处谈另一本书的写作之事。出版社领导亲自到作者处，尤其像我这样的普通作者，少之又少。我感受到中国妇女出版社对待作者的诚意，为出好书不畏辛苦，尤其在临别交谈时，我谈道：“这可能是我最后一部书了……”廖总微笑接着话茬儿对我说：“哪里呀?！您身体这么好，精神矍铄，还会再出书的……”短短几句，是对我这个年长者的尊重、信任和鼓励，她的话时时在我耳边萦绕，成为我后来翻译《家长教育学》莫大的动力。我在翻译过程中，不敢轻松、随意，严格要求自己，尽力字斟句酌。尤其对一些名家之言，更该如此。只有这样，才对得起中国妇女出版社的领导和编辑们对我的期望。如果没有你们的精心策划、付出心血的编辑，这本书是出不了的。若是这本书成了有益于广大读者必备、爱读的精品书的话，首先应归功于你们!

再要感谢的是教育科学出版社编审、出版界领军人物祖晶主任，她在出版苏霍姆林斯基作品方面，在全国首屈一指，还与我共同主编了《苏霍姆林斯基选集》（五卷本）。为此，她多次获奖。这次出乎我的意料，她主动邀请我翻译《父母的智慧之爱》，虽只差一步，美事未成，但对我却是一种莫大的激励、尊重和信任，在此向她表示非常感谢！

最后，我还要感谢我的家人，尤其要感谢我的妻子李黛对我的支持和帮助。几十年来，她工作兢兢业业，业余酷爱舞蹈之外，几乎把所有时间都用在家庭教育和操持家务事上。同时在与一些出版社的交往方面，她也付出许多时间、智慧和辛劳，腾出时间让我专心从事著译工作。如果说，我出了一些作品是一种成就的话，那成就背后的功劳，有她的一半。感恩的心，感谢有你，你辛苦了。

2019年10月25日

于北京舞蹈学院